나이 들어도
행복해지는
연습

나이 들어도
행복해지는
연습

엔젤레스 에리언 지음

이순미 옮김

드림셀러

지혜의 길로 이끌어준 모든 선조들과
현재를 살아가는 모든 나이 든 분들께 이 책을 바칩니다.

행복한 노년을 위한 준비

이 땅에서의 삶은 이상하기 그지없습니다. 한 치 앞도 내다 볼 수 없고 온전한 자신을 마주하지도 못하며, 항상 어딘가로 가는 중이지만 결코 그곳에 도달할 수 없으니까요. 그래서 이 곳에 있는 것 자체가 가장 위대한 모험입니다. 우리는 원하면 모든 것을 가질 수 있고 가능성은 언제고 손짓합니다.

그러나 가장 큰 신비는 내면에 존재합니다. 각자의 마음 은 다양한 형태와 지형을 가지고 있습니다. 그렇기에 진정 한 자신의 모습을 찾고 세상에 대한 연민을 가지려면 우리 의 영혼 속에 존재해야 합니다. 누구도 그 답을 알려주지 않 고, 다른 사람이 가지고 있는 지도는 아무 소용이 없습니다. 각자의 삶은 지기만의 신성한 문턱, 즉 각자의 재능이 세상 의 결핍에 맞아떨어지고, 이와 반대로 외부의 재능이 각자 의 결핍과 맞아떨어지는 지점을 찾아야 합니다.

경험은 이 모든 모험이 일어나는 장소입니다. 경험은 존재의 창이 되어 보다 깊게 이해할 수 있게 합니다. 우리는 열정이 넘치고 무언가에 몰두하는 시대에 살고 있습니다. 언제나 새로운 지평들이 열려있는 실로 좋은 시대입니다. 그러나 빛이 밝을수록 그림자는 더 진해집니다. 우리의 정신은 성장과 창조를 바탕으로 전진하기보다 오히려 자신 안에 몰입해 고립되고 갈망하기를 택한 것 같습니다.

우리는 자신이 이룬 성취와 그 결과가 자신의 모습을 결정하고 소유하는 것이 존재하는 것이라고 믿으며 삽니다. 이런 것들을 추구하다 결국 우리는 시간을 적으로 만들었습니다. 현대인들은 '스트레스'라는 전제 군주의 지배 아래 살고 있습니다. 우리의 내면은 더 외롭고 절망적입니다. 이는 인생의 후반기에 들어서면 더 두드러지기 시작합니다.

이러한 사회적, 정신적 맥락에서 에리언 박사의 책이 제대로 평가되어야 합니다. 참으로 훌륭한 책이지요. 사실 에리엔 박사는 현대 정신 분야의 실천자들과는 달리 학자에 가깝습니다. 그래서 현시대를 읽고 전통과 대화를 할 수 있는 지식과 기술을 갖추고 있습니다. 무형의 전통에 대한 그녀의 학문적 이해가 고스란히 이 책에 담겨 있습니다. 그렇다고 이 책이 추상적이거나 이론적이기만 한 것은 아닙니다. 명료하면서도 이미지와 심상은 우리의 마음을 두드리기에 충분합니다.

이 책은 인간의 삶이 문턱의 이야기로서 이해될 수 있다고 생각하고 여덟 개의 주요한 문을 보여줍니다. 각 문은 전통의 지혜에 비추어 묘사되고 이름도 쉽게 알 수 있도록 직관적이고 효과적으로 지었습니다. 그리고 경험은 점점 구체화된다는 전제를 하고 있습니다. 즉, 모든 것이 평행하게 나아가거나 언제까지 흐릿하게 남아있지 않다는 것입니다.

삶이 명료해지고 주변이 명확해질 때 우리는 비로소 문턱 앞에 서 있다는 것을 깨닫게 될 것입니다. 되돌아갈 방법은 없습니다. 그 문을 통과하는 것만이 유일한 출구지요. 에리언 박사는 평생 이런 문턱을 연구했습니다.

이 책은 교훈적이면서도 계몽적입니다. 그리고 독자들이 그 여정에 참여할 수 있는 여지를 남겨준다는 점에서 관대하기도 합니다. 각 문턱에서는 과제, 도전, 선물, 성찰, 실천이라는 특별한 항목을 구성해 독자가 각자의 인식과 변화를 위한 작업을 수행할 수 있게 합니다.

이 책은 영혼의 통합과 변화 그리고 창조에 관심이 있는 모든 사람들의 여정에 사랑스러운 동반자가 될 것입니다. 현명하고 심지어 침착하고 관대하기까지 합니다. 이 책을 가지고 기꺼이 그 초대에 응한다면 거대한 문화적 변화를 가져올 것입니다. 사람들은 갑자기 그들의 창조적인 힘, 잠재력은 물론 책임감을 갖게 될 것이고, 시민 정신은 다시 훌륭한 문화적 매력과 활력소가 될 것입니다.

이 책은 다가오는 불안과 절망의 시기에 살고 있는 우리에게 내면의 삶과 외부 세계 사이의 잃어버린 다리를 찾을 수 있는 선물을 제공합니다. 이 선물을 끝까지 그리고 남김없이 사용하기를 바랍니다!

_ **존 오도노휴**

이해의 손

부드러운 녹색 잎사귀처럼 어루만지는 손

손, 열정의 손

고귀한 점자책에서 지식을 거둬들이는 손

공허한 공간을 생기로 채우는 손

그 손 조용히 책 위에 내려앉는 손

손, 밤새워 읽은 단어를 잊어버리는 손

펼쳐진 책장 위에 잠든 손

생각을 뿌리고 거두는 강한 손

음악을 들으며 전율과 희열에 찬 손

춤과 노래의 리듬을 따라가는 손.

_ 앤 설리번 메이시, 〈손〉

부시먼 이야기꾼들은 두 종류의 열망에 대해 이야기합니다.

하나는 육체적 열망이고, 다른 하나는 위대한 열망입니다.

위대한 열망이란 의미를 향한 열망입니다.

인간을 극심한 고통에 빠지게 하는 것이 하나 있는데,

바로 의미 없는 삶입니다.

행복을 추구하는 것은 당연한 일입니다.

그러나 보다 고귀한 "의미"가 더해진다면 모든 것을 바꿀 수 있습니다.

만족할 만한 의미를 부여할 때 당신은 이 세상과 하나가 될 것입니다.

_ 로렌스 반 데르 포스트 경, 다큐멘터리 '급할수록 천천히' 중에서

차 례

그 어느 때보다 인생의 후반기에 접어든 사람들이 많아지고 있습니다. 그만큼 평균수명이 꾸준히 늘어나기 때문입니다. 우리는 부모님과 조부모님 세대보다 훨씬 더 오래 살게 될 것입니다.

삶의 기회가 몇 년, 많게는 몇십 년 더 늘어난 만큼 삶의 축복도 늘어납니다. 그러나 우리는 이 늘어난 시간을 충실하게 살 준비가 되어 있지 않은 듯합니다. 노인을 존중하고 그 가치를 수용하는 포용력이 부족합니다.

나이가 들어도 지혜로운 사람이 되어 사회에 적극적으로 참여하고 충만한 삶을 사는 방법을 배울 기회가 많지 않습니다. 따라서 평균수명이 늘어난들 우리는 인생의 후반기를 노화나 질병과 절망 그리고 죽음만 생각하며 살아가게 될지도 모릅니다.

더 오래 사는 삶을 받아들이고 활력이 넘치는 인생의 후반기를 보내고 싶다면 후반부의 삶을 바라보는 우리의 관점을 의식적으로 바꿔야 합니다. 지금이 바로 그때입니다. 노인 자살률이 증가하는 것을 보더라도 변화의 필요성을 느낄 수 있습니다.

삶이 힘들어질수록 나이 든 사람들이 가진 삶의 교훈을 공유하고 문제해결 능력을 배워서 우리의 삶을 고양시켜야 합니다.

태어나서 50세까지의 삶의 과정은 다들 거의 비슷합니다. 학교에 가고 직장에 다니고 배우자를 만나 가정을 이루고 경력을 쌓고 저축하며 살아갑니다. 그러나 인생의 전반기에 쌓아온 기술들로 인생의 후반기를 살아가는 데는 충분하지도 적절하지도 않습니다. 인생 후반기의 성장과 변화에 필요한 과제와 요구조건은 완전히 다르기 때문입니다.

50세가 넘어가면 우리는 다음과 같은 네 가지 거대한 벽을 만나게 됩니다.

- 은퇴 후 무엇을 향해 나아가야 하는가?
- 누군가의 멘토, 조력자가 되거나 할머니, 할아버지가 될 준비
- 점점 노화되는 육체의 건강을 유지하기 위한 노력
- 사랑하는 사람과의 이별과 자기 죽음에 대한 대비

각각의 벽은 이전과는 확연히 다른 태도와 규율 및 삶의 기술을 요구합니다. 각 벽의 두려움에 과감하게 맞서야 합니다. 이 새로운 벽을 맞서 살아가려면 물론 벅찰 수도 있지만 흥미롭기도 합니다.

세계의 여러 설화와 명언은 지혜로운 연장자로 성장하려면 여덟 개의 상징적인 문을 통과해야 한다고 말합니다. 이 문은 인생의 후반기 삶에 깊이 있는 경험을 제공하는 통로라 할 수 있습니다. 이문은 우리의 사고방식을 바꿀 수 있는 강력한 도구를 제공할 것입니다. 그래서 연장자들을 존경하는 여러 문화의 전통들을 바탕으로 인생의 후반기에 새로운 인생 지도를 그리도록 도울 것입니다.

각각의 문에서 우리는 세계 각지의 노래, 신화, 이야기들을 접하며 새로운 시선으로 사물을 바라보는 법을 배우게 됩니다. 예술, 시, 상징, 은유 등을 고찰하며 이해의 폭을 넓히게 될 것입니다. 그리고 심리학, 문화인류학, 철학 등의 많은 분야의 현자들을 통해서 우리의 경험은 더욱 심오해지고 삶에 새로운 차원을 더할 것입니다.

이 책의 각 장을 이루는 문에는 손으로 시작해 발로 마무리됩니다. 손과 발은 문을 들어가고 나가는 과정을 상징합니다. 모든 시작과 변화는 우리의 사랑을 확장시키고 주고받는 일에 더 깊은 의미를 가르쳐주며, 우리 삶의 균형과 창조를 구현해내는 힘이 있습니다.

손과 발은 이 모든 개념을 형상화한 것으로 사랑과 창조, 감동과 변화의 힘을 상징합니다. 주고받고 대접하는 일을 하는 손은 상호적인 관계를 가르쳐줍니다. 우리가 원하는 곳으로 데려다주는 발은 손이 일을 할 때 우리를 굳건히 지탱하고 균형을 잡아줍니다.

몸의 말단에 위치하는 손과 발은 우리의 본능적인 욕망과 사고에 따릅니다. 세계의 다양한 문화권에서는 신성한 세계와 속세를 이어주는 손과 발의 역할을 인지해서 의식의 전과 후에 손과 발을 통해 정화하거나 표시하는 풍습이 있습니다.

여덟 개의 문에서 제시하는 교훈들을 잘 습득하면 인생의 후반기를 향한 철저한 준비 태세를 갖추고 후반기의 삶으로 들어갈 수 있습니다. '은의 문'은 인생에서 새로운 경험을 하도록 권하고, '하얀 말뚝의 문'은 젊은 시절 자신의 역할을 되돌아보고 연장자로서의 새로운 역할을 배우도록 합니다. '점토의 문'은 육체의 한계를 인정하고 우리의 몸을 돌보고 즐길 것을 강조합니다. '흑백의 문'에서는 보다 친근하고 성숙한 방식으로 관계를 발전시키는 법을 배우게 됩니다. '전원의 문'은 창의력을 발휘해 우리의 삶을 향상시키고 사회에 이바지하며 오래 남을 유산을 남길 수 있도록 다독입니다. '뼈의 문'에서 우리는 세상 속에서 진정한 자신의 모습을 찾을 용기를 갖게 됩니다. '자연의 문'에서는 자연의 고요 속에서 우리의 영혼을 채우며 성찰의 시간을 갖습니다. '금의 문'에 도달하면 적극적으로 초연해지는 훈련을 함으로써 이 세상을 떠날 준비를 하게 됩니다.

인생의 후반기는 최후의 '시작'을 의미합니다. 이 시기는 새롭고도 낯선 미지의 순간들과 만나면서 우리 자신이 신성한 신비임을 깨닫게 됩니다. 이 단계에 필요한 것들을 제대로 이해하면 우리는 지혜와 인격을 발전시켜서 큰 기회를 얻는 축복을 누리게 될 것입니다. 그리하여 자신이 어떤 존재인 지를 되찾고 새로워지고, 나아가 마음을 치유할 수 있는 무한의 가능성을 누리게 될 것입니다.

또한 늘어난 수명 덕분에 우리는 역사상 처음으로 영적 성숙의 길을 열어갈 수 있는 기회를 갖게 되었습니다. 우리의 후세들도 장년이 되면 우리가 걸었던 길을 걸으며 이 깨달음을 알게 될 것입니다.

그렇다면 인생의 절반쯤에 찾아온 이 기회와 위기를 어떻게 대처해야 할까요? 어떻게 하면 이전보다 더 잘 헤쳐 나갈 수 있을까요? 새로운 인생의 시작을 알리는 여덟 개의 문에서 하게 될 개인 과제와 집단 과제는 장년기의 통과의례를 되찾게 해줄 필수 도구가 될 것입니다.

각 문에서 우리는 연장자를 살아있는 보물로 여기는 문화권을 통해 여러 가지를 배우게 될 것입니다. 각 문의 상징, 이미지, 은유는 새로운 시작의 신비로움에 대한 경험을 전달합니다. 새로운 시작은 그 자체만으로도 우리에게 통찰력과 지혜를 깨우쳐줄 것입니다.

인생의 후반기에 우리는 삶의 깊이를 더하고 고결함과 더 고양된 인격을 갖출 수 있지만 우리의 선택에 따라 그렇지 않을 수도 있습니다. 성숙하고 지혜로운 연장자가 되고 싶다면 여덟 개의 문에서 주어지는 개별 과제를 반드시 수행해야 합니다. 노력하는 만큼 풍부한 보상이 기다리고 있습니다. 각 문에서 주어지는 과제, 도전, 선물은 타인은 물론 가족, 조직, 사회에 뜻깊은 공헌을 하는 현명한 어른이 되도록 도와줍니다.

여덟 개의 문을 지나는 여정이 노화에 대한 부정적인 고정관념으로부터 우리를 자유롭게 하고, 다음 세대를 위한 새로운 길을 밝혀주기를 바랍니다. 인생의 후반기에 존엄과 품위, 그리고 진정한 권위를 가진 사람이 되길 희망합니다.

이 책은 나이 들어가는 것에 대한 인식의 변화를 위한 안내

서이자 귀중한 자료가 될 것입니다. 또한, 앞으로 살아갈 인생 후반기의 신비로움을 더 깊이 이해하고, 더 풍부한 경험을 하고자 하는 사람들에게 정보와 위안과 성찰의 시간을 제공할 것입니다.

우리의 정신적인 유산과 현명한 안내가 세상을 더 나은 곳으로 만드는 데 도움이 되었으면 합니다.

여덟 개의 문과
타작

사람은 진정 깨우침에 조바심을 내야 하는가?
어떤 길로 가든 결국 나는 집으로 돌아갈 텐데.

— 신쇼

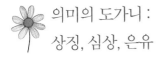

의미의 도가니 :
상징, 심상, 은유

　인생의 후반기에는 지금까지 살면서 가장 의미 있고 중요
한 것이 무엇이었는지를 알아야 합니다. 이를 위해 도가니가
우리의 기억을 소환하고 상상력을 자극하는 데 이용됩니다.

　내화점토로 만들어진 도가니는 고온의 화학반응을 견딜
수 있어서 중세 연금술과 철학에서 금속을 금으로 바꾸는 데
에 사용되었던 그릇입니다. 정신의 연금술에서도 도가니는
변화 또는 변형하는 능력을 상징합니다. 이 도가니는 그 안
에 어떤 물질이 들어있는지 진정한 실체를 드러냅니다.

　여덟 개의 문은 각각 상징, 심상, 은유와 같은 도가니 비유
를 이용하고 있습니다. 이 도가니는 인생의 후반기에 일어
나는 우리의 육체적, 정신적인 변화는 물론 영적인 변화까
지 지탱하고 자극시키는 의미와 중요성을 갖고 있습니다.

　상징, 심상, 은유는 친근하면서도 우리의 이해를 돕는 힘
을 가지고 있어서 때로는 무엇이 가장 중요한지 알려주기도
합니다. 우리는 의미심장한 것을 표현할 때 상징이나 비유
를 사용하기도 합니다. 많은 문화권에서 의미를 표현할 때

음악과 시, 미술 작품과 이야기 등을 활용합니다.

루마니아의 물리학자이자 철학자 바사라브 니콜레스쿠 Basarab Nicolescu는 어떻게 상징적 언어의 의미로 담아내는지를 설명하고, 이러한 표현 형식을 넘어선 것까지 확대해 연구했습니다.

나를 살아가게 하는 것은 말과 말, 생각과 생각, 이미지와 이미지 사이 육체와 감정의 텅 빈 공간 속에서 발견된다…. 그 텅 빈 공간 안에서 삶의 충만함과 의미가 나타난다.

니콜레스쿠는 상징적 언어는 심상, 음악, 이야기 등에서 모두 발견된다고 말합니다. 이들은 우리의 영혼이 자리하고 있는 생각과 감정 사이의 넓고 빈 공간에서 우리를 기다리고 있는 숨어있는 존재를 가리키고 있습니다.

상징적 언어는 육체적 감각의 언어이자 신성한 존재의 언어고, 영혼과 마음의 염원을 나타내는 언어입니다. 이는 감동을 통해 의미를 전달하고 진성한 지혜의 길로 우리를 이끕니다. 특정한 상징에 끌린다는 것은 곧 다가올 변화의 신호가 되어 우리는 그에 따른 대비를 할 수 있게 됩니다. 이는 변화와 성장으로 이끄는 내면의 작업으로 우리를 인도합니다.

우리는 인생의 후반기에 삶의 중요한 이야기들과 평생의 꿈을 결합시킵니다. 또한 음악, 미술, 시에서 발견되는 아름다움과 변함없는 위로에 마음이 이끌립니다. 이런 창의적이고 상징적인 표현 양식은 기억과 상상력을 환기해 성찰의 기회를 주고, 우리 삶에 진정으로 의미 있는 것이 무엇인지 깨닫도록 도움을 줍니다.

 변화의 상징 :
문지방과 문

—

인내는 성공의 매우 중요한 요소다.
문 앞에서 오랫동안 요란하게 문을 두드리면
분명 무엇인가 또는 누군가를 깨울 수 있을 것이다.

_헨리 워즈워스 롱펠로

역사적으로 문턱과 문은 새로운 세계로 연결되는 상징

적인 통로로서 역할을 해왔습니다. 이들은 인간의 정신에 각인되어 새로운 삶과 경험 또는 새로운 정체성의 가능성을 알립니다. 또한 속세와 신성, 내면과 외면, 주체와 객체, 보이는 세계와 보이지 않는 세계, 현실 세계와 꿈의 세계처럼 서로 다른 세계 간의 교감의 기회를 주기도 합니다.

문턱과 문 사이에는 상징적으로 그 차이가 있습니다. 문턱은 변화나 학습, 통합이 일어나는 시간과 장소를 시사하는 반면 문은 문턱에서의 작업을 하기 전에 반드시 해야 하는 검증과 문의 안과 밖을 지켜내는 장치를 의미합니다.

문은 때로는 의식을 행하는 장소 또는 신성한 장소나 성스러운 땅 혹은 영적으로 중요한 변화로 들어가는 통로로 인식됩니다. 우리가 그 "문 앞에" 이르면 가장 깊숙한 곳에 있던 원형적인 감정들이 표면으로 떠오릅니다.

우리는 익숙한 것을 버리고 문에 들어갈 준비를 하며 미지에 마음을 열어야 한다는 것을 본능적으로 알게 됩니다. 한 번 문을 통과하면 되돌아올 수 없습니다. 일단 문을 열고 문턱에 서면 반드시 변화를 시작해야 합니다.

문턱을 의미하는 영어 단어 'threshold'는 'thresh(타작하다)'라는 말에서 나왔는데, 곡식을 쳐서 껍질을 벗겨내고 씨를 분리하는 것을 의미합니다. '타작마당'은 내면의 작업을 하듯이 으깨고 돌리고 비틀거나 마구 뒤흔드는 장소를 일컫는데, 이곳은 인생의 후반기에 영혼 자체를 타작하는 장소로서 비유적으로 사용됩니다. 즉 타작마당은 더 이상 필요하지 않거나 우리의 본성과 맞지 않는 것을 버리는 장소가 될 것입니다.

우리는 인생의 후반기를 사는 내내 마지막이자 성스러운 여행을 떠나기 위해 수차례 이 타작마당에 오게 될 것입니다. 결국에는 감춰진 존재가 있는 입구로 다가가 두 번째 은혜를 발견하게 될 것입니다.

미르체아 엘리아데Mircea Eliade는 《신성과 세속The Sacred and the Profane》에서 다음의 말을 남겼습니다.

문턱은 속세와 신성을 구분 짓고 둘을 대립하게 하는 한계이자 경계인 동시에 두 세계가 서로 소통하고 교류 가능한 역설적인 장소다.

인생의 후반기에는 이러한 역설을 이해하고 포용하는 능력을 얻게 되며 타작의 과정을 제대로 준비해 삶의 여정 동안 우리에게 가장 중요한 것이 무엇인지를 골라낼 수 있게 해줄 것입니다.

오늘날 전통적인 통과의례가 많이 사라져 전환의 전조를 인식하는 능력을 잃어버렸습니다. 과도기나 변화의 조짐을 깨닫기도 하겠지만 통과의례를 모르기 때문에 자신이 문 앞에 서 있는지조차 모릅니다. 그래서 그 문을 열고 타작하고 통합하는 작업을 해야 한다는 것도 모릅니다.

이제 인생의 후반기에 들어가기 위해 우리는 여덟 개의 문에 다가가 그 신호를 알아보고 문턱에서 타작을 하고 진정으로 나를 변화시킬 수 있는 방법을 배울 새로운 기회를 갖게 된 것입니다.

신비로움으로 이어지는 문턱

—

인생의 두 갈래 실타래를 하나로 묶는 것이다.

각 실타래는 인생의 내면과 외부에 있다.

_피에르 테이야르 드 샤르댕

인생의 변화는 도움을 청하고 자신의 의지나 욕망보다 더 강한 힘에 따를 때 이룰 수 있습니다. 인생의 후반기에서는 이러한 변화가 일어나면 야망보다는 삶의 의미를 추구하려는 기본적인 전환이 일어납니다.

이 전환은 갑작스럽고 예기치 못한 변화의 형태로 일어나기도 합니다. 가령 뜻밖의 새로운 관심사가 생기거나 직업을 바꾼다든지, 커다란 상실이나 이혼을 겪을 수도 있고, 또는 새로운 곳으로 이사를 가게 되기도 합니다. 이런 변화는 우리의 마음을 진정으로 어루만지고 무엇이 나에게 의미가 있는지 알려주기도 합니다.

하지만 변화로 인해 처음에는 불안과 초조함, 짜증과 불만이 생길 수 있습니다. 그래서 일과 사람을 비롯한 관계 형성에 대한 동기 자체에 깊은 의구심을 갖기도 합니다. 이제 모든 것을 다시 생각하는 시기입니다. 이전에 중요하게 여겼던 지위, 권력, 힘, 돈, 명성, 전략적인 관계 등을 얻기 위한 선택들이 의미를 잃게 되며 만족스럽지 못하게 됩니다. 한때 가치가 있었던 자아의 욕구들은 조화와 진정한 성취감을 느끼게 되면 급격히 줄어들게 됩니다.

야망보다는 의미를 추구하려는 변화가 우리를 여덟 개 문의 문턱으로 이끌게 됩니다. 여기서 우리는 두 가지 내면의 여정을 하나로 통합해야 합니다. 하나는 거짓된 자아를 버리고 진정한 자아를 회복하는 상승과 하강의 전형적인 수직적 여정입니다.

또 하나는 내적 경험과 외적 경험을 엮는 수평적인 여정입니다. 상승과 하강, 내부와 외부를 통합하는 이 두 여정은 꼭 해야 할 과제가 될 것입니다. 인격을 성숙시키고, 지혜를 얻어 영적으로 성숙해지기 위해서 반드시 해야 할 일입니다.

 상승과 하강의
여정

—

우리가 태어날 때부터 사다리가 놓여 있다.
이 사다리로 우리는 세상으로부터 도망칠 수 있다.
_**루미**

우리 본성의 드러나지 않은 어두운 면으로 향하는 하강

의 여정, 그리고 자각과 신뢰와 믿음으로 이끄는 상승의 여정을 통해서 우리는 자아와 개인적 욕망을 초월한 진정한 자신을 발견할 수 있습니다. 이 두 반대의 방향으로 움직이다 보면 우리 자신의 그림자는 원하거나 요구하지도 않았고, 심지어 알지도 못했던 우리의 본성과 마주하게 됩니다.

성숙한 인간이 되려면 우리 안에 있는 천사와 악마를 모두 마주해야 합니다. 이 둘을 제대로 대면해야 지혜와 사랑과 믿음을 바탕으로 한 자유라는 새로운 세계를 만들 수 있습니다. 자신의 존재에 대한 환상에서부터 벗어나 진실되고 본질적인 존재의 신비로움 속으로 들어갈 수 있기 때문입니다.

미국의 정신과 의사 로저 굴드Roger Gould는 자신의 저서 《변모 : 성인기의 성장과 변화Transformation: Growth and Change in Adult Life》에서 이러한 자유를 얻기란 쉽지 않은 일이라고 말합니다. 하강의 여정에서는 어떠한 부정이나 방종 또는 꾸밈없고 현실적이고 진실되게 자신의 삶을 들여다봐야 하기 때문입니다. 성인으로서 누리는 자유를 얻기 위해서는 해소하지 못한 분노, 실망감, 좌절감, 두려움, 죽음에 대한 반감을 받아들여야 합니다. 우리는 더 이상 이러한 환상이나 혐오, 또는 집착을 품고 있을 수 없습니다.

이런 감정들을 인식하는 것은 시작에 불과합니다. 우리의 내적 영역으로 내려가 모든 거짓은 물론 우리의 본질과 상충하는 것들을 몰아내야 합니다. 하강의 여정에서 겪는 생생한 경험은 과하지도 부족하지도 않은 그대로의 자신감을 바탕으로 한 폭넓은 자기 이해와 진정한 자아 수용을 위한 길을 준비합니다. 하강의 여정이 있기에 우리는 희망, 호기심, 숭고한 정신과 같은 상승의 과정도 경험할 수 있습니다.

거짓된 자아를 마주하는 고된 하강의 여정을 끝내면 상승의 과정을 통해 가식이나 비판 없이 본질적인 자아의 기쁨을 경험하게 될 것입니다.

우리는 세상을 살아가는 동안 하강과 상승의 과정을 겪으면서 자신은 물론 타인의 하강과 상승의 주기도 보게 됩니다. 이 여정에서 하강은 배신, 유혹, 우울, 부당함, 불안, 오만함, 또는 복수에 대한 열망에서 생기는 무자비한 행동을 접하게 됩니다. 그런가 하면 상승은 구원, 은혜, 관용, 용서가 담긴 감동적인 소식들을 전해줍니다.

하강에서 상승의 여정에 대한 가장 좋은 예는 샌프란시스코의 델란시 거리 프로그램Delancey Street Program을 꼽을 수 있습니다. 이 프로그램은 수감자들이 사회 복귀를 하는데 가장 높은 성공률을 자랑하는 미미 시버트Mimi Siebert가 만들었는데, 전과자들이 범죄를 되풀이하지 않고, 하강의 여정으로 한눈팔지 않고 다시 새로운 생활로 돌아가도록 지원했습니다. 우리는 살면서 큰 실수를 하기도 하지만 그 실수로부터 교훈을 얻어 하강에서 상승으로 이동할 수 있습니다.

이러한 하강과 상승의 여정은 거의 모든 주요 종교 전통에서 찾아볼 수 있습니다. 기독교, 이슬람교, 유대교, 불교 및 기타 종교에는 저마다 지옥(하강)과 천국(상승)이라는 이 여정을 묘사하는 용어가 있습니다.

예를 들면, 구약 성서에 나오는 '야곱의 사다리' 이야기에서 야곱은 사다리를 오르내리는 천사들을 만나는데, 그중 한 천사와는 몇 시간 동안 격투를 벌이기도 합니다. 또한, 불교에서 부처는 신들의 왕국으로 올라가 최근에 돌아가신 어머니가 열반에 이르지 못한다는 것을 알게 됩니다. 그곳에서 부처는 현실의 진리에 관한 불경의 가르침을 전하고, 윤회에 갇힌 모든 신과 자신의 어머니를 해방시킵니다. 불교 신자는 하강의 여정 중 지옥에서 고통받는 수많은 인간들을 마주할지도 모릅니다. 이 지옥은 고통받는 우리의 내적 상태를 보여주고 깊은 연민과 자비심을 실천해야 함을 일깨워줍니다.

전통적인 사회는 '천계'를 축복과 안내를 받고 황홀한 경험을 하는 장소로 여기고, '하계'를 자신의 잃어버린 영혼을 되찾아오는 장소로 여깁니다. 그리고 중간계인 현세에서 재통합이 이루어진다고 생각합니다.

보편적인 사람이라면 하강과 상승의 과정을 경험하는데, 우리 본성에 내재된 천국과 지옥을 모두 드러내게 됩니다. 인생의 후반부에는 이러한 과정이 통합되어 우리의 인격 발달과 영적 성숙에 도움을 주어야 합니다.

우리는 각 여덟 개의 문에서 자신의 단점과 장점을 모두 마주하게 됩니다. 문을 통과할 때마다 하강의 여정에서 불성실한 자아와 감정의 찌꺼기, 집착을 마주하게 될 것입니다. 하지만 하강의 과정에서 우리는 본질적 자아를 향상시키려는 웅장한 도약을 위해 준비하는 것입니다.

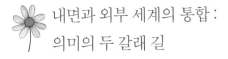

내면과 외부 세계의 통합 : 의미의 두 갈래 길

여덟 개의 문을 통과하면서 겪어야 할 상승과 하강의 여정을 준비할 때 두 가지 의미를 명확하게 이해해야 합니다. 하나는 외적인 의미로 눈에 보이는 '양', 그리고 다른 하나는 내적인 의미로 감각으로 알 수 있는 '질'입니다. 이 두 가지, 즉 양과 질이 동등한 가치로 통합되어 마지막 문턱에서 제대로 구체화된다면 이 두 가지는 우리 삶에 의미와 실체를 부여할 것입니다.

우리는 양적인 삶의 외적인 의미에서 가장 익숙하고 편안함을 느낍니다. 소중한 추억이나 중요한 역사적 사건, 중대한 기회 또는 전환점들 모두 겉으로 드러나는 외적인 경험들로 양적인 것입니다. 우리는 학교에 다시 다니기도 하고 은퇴하거나 이혼이나 재혼하기도 하며 자녀와 손주를 보게될 수도 있습니다.

또한, 병이나 죽음으로 친구와 가족을 잃을 수도, 사고를 당하거나 그로 인해 트라우마를 겪게 될 수도 있습니다. 자기 분야에서 성공해 여행을 다니거나 더 좋은 곳으로 옮겨

갈 수도 있습니다.

반대로 질적인 삶의 경험은 미묘하고 조금은 낯설기도 하고 보다 내밀한 우리 영혼의 욕망의 표출이라 할 수 있습니다. 이렇게 숭고하고 신비로우며 자아를 초월한 경험들은 자연적이면서도 예측 불허하게 동시다발적으로 일어납니다.

이런 개인적 경험들은 통찰력, 꿈, 예지력, 성장을 촉발하는 내적 동요 또는 교란의 형태로 나타나기도 합니다. 이 과정을 통해 우리는 한순간 자신의 진정한 모습을 깨닫게 됩니다.

이러한 양적, 질적인 삶의 경험이 인생의 후반기에 의미 있게 하나로 조화를 이루면 삶은 더 넓고 풍성해집니다. 정신의학자 칼 융Carl Jung은 외적인 양적 세계, 내적인 질적 세계 중 어느 하나를 지나치게 강조하면 위험하다는 사실을 이렇게 말했습니다.

외부 세계를 무시하고 내면을 지배한다면 파멸을 피할 수 없다. 또한 내면을 배제하고 외부 세계를 지배하면 무시한 악마의 힘에 사로잡혀 아무리 훌륭한 문화가 있다고 해도 우리는 미개인이 될 수밖에 없다.

'외부 세계에 대한 경멸'과 '내면에 대한 망상적 지배'가 결합해 얼마나 무서운 결과를 초래하는지는 존스타운에서 일어난 집단 자살 사건을 보면 알 수 있습니다. 영적 지도자 짐 존스Jim Jones를 따라 수백 명에 이르는 사람들이 자살했던 사건입니다.

한편 내면을 배제한 채 과도하게 외부 세계에 동화된 예는 현대 사회의 기업 범죄를 꼽을 수 있습니다. 탐욕스러운 고학력자들이 자신의 윤리와 정직을 저버리고 더 부자가 되기 위해 무차별적으로 자신의 재능을 남용하고 있습니다.

하지만 두 세계가 정상적으로 조화를 이루면 인간은 무한한 용기와 헌신을 통해 고통을 치유하고 정의를 회복해 수많은 사람들의 삶의 질을 향상시킬 수 있습니다. 달라이 라마Dalai Lama, 넬슨 만델라Nelson Mandela, 로사 파크스Rosa Parks, 아웅산 수지Aung San Suu Kyi와 같은 인물들은 모두 내면과 외부 세계를 조화시켜 좋은 사회를 위해 헌신한 사람들입니다. 이렇듯 양과 질의 통합은 더 나은 삶을 살 수 있게 합니다.

삶이 균형을 이루지 못하면 한쪽으로 기울거나 불완전해지기 때문에 두 세계가 균형을 유지하도록 해야 합니다. 완성된 외부 세계로 가는 문을 막는 맹목적인 믿음이나 떨어진 분별력에 더 이상 휘둘리지 말아야 합니다.

또한 완성된 내면으로 가는 문을 막는 고질적인 냉소주의
나 절망감에 빠지는 것도 주의해야 합니다. 인생의 후반기
에 이른 우리는 어느 한 세계를 선택하는 것이 아니라 두 세
계에서 능숙하게 살아가는 법을 익혀야 합니다.

우리는 여덟 개의 문을 지나는 동안 내면과 외적 본성을
제대로 돌아보면서 이 두 세계는 더 강력하고 균형 잡힌 자
아의 경험 속으로 스며들게 될 것입니다.

양극성과
이중성 너머

—

지혜는 뜻밖의 장소나 안전한 장소 그 너머에 반짝이는

보석이나 꽃을 발견하는 것이다.

_스페인 속담

내면과 외부 세계를 통합한 후에는 중요한 변화가 일어

납니다. 양극성과 이중성을 뛰어넘어 이 두 세계를 한눈에 보는 안목이 생깁니다. 두 세계가 공존한다는 역설을 수용하면 여러 가능한 선택지를 볼 수 있습니다. 보다 유연하고 확장된 사고방식으로 모호함을 참아낼 수 있도록 하는 것이 지혜의 기능입니다. 흑과 백, 선과 악, 유익과 불익을 넘어 나아갈 수 있는 능력이 바로 지혜의 실재를 반증하는 것입니다.

지혜는 나이와 상관없이 발현될 수 있습니다. 하지만 인생의 후반기에 지혜를 발전시키지 못하고 젊은 세대들에게 귀감이 될 수 없다면 지혜가 제대로 발휘되기는 어려울 것입니다. 인생의 후반기에는 지혜를 얻으려면 일상의 경험이 양극성에 빠지지 않게 하고 경직되거나 거칠거나 가혹하지 않아야 합니다.

우리는 양자택일이라는 이분법적인 사고방식이 아니라 둘을 모두 포용하는 관점과 행동을 취해야 합니다. 이로 인해 더욱 창조적인 일을 할 수 있을 겁니다. 바로 이것이 삶의 문제를 해결하는 핵심적인 사고방식입니다. 지혜는 언제나 가장 명쾌한 해결책을 찾아냅니다. 이는 모두에게 이익이 되는 상황을 만들고 대부분의 사람들에게 더 큰 선을 가져다주는 방식으로 문제를 해결합니다.

내면과 외부 세계가 양립할 수 있다는 역설을 견지할 때 얼마나 큰 결과를 초래할 수 있는지를 보여주는 특별한 사례가 있습니다. 바로 남아공의 아파르트헤이트 문제(인종차별)를 해결하기 위해 구성된 '진실과 화해 위원회Truth and Reconciliation Commission'의 정의 회복 과정과 유래 없는 독창성과 협력 속에서 탄생한 유럽연합입니다. 여기에 관여한 사람들이 고정관념을 갖지 않았기 때문에 애초의 기대와 예상과는 달리 훨씬 좋은 결과를 만들어냈습니다.

신성과 세속을 융합하고 내면과 외부 세계의 경험과 의미를 포용하려면 우리는 대립되는 것들을 역설의 지혜로 변화시키는 매우 어려운 일을 해야 합니다. 하나의 문제를 여러 측면에서 혹은 대립되는 것들의 모든 숨겨진 통일성이 드러날 때까지 동일한 존엄성과 가치로 존재하게 하는 것이 본질적인 과제입니다. 이것이 지혜를 구현하는 작업의 시작이고, 진정한 영적 성숙과 개인의 변화가 시작되는 지점입니다.

우리의 관점을 변화시켜 이중성과 양극성 너머를 볼 수 있게 되면 쉽고 편리해 보였던 방식이 실상은 너무 성급한 해결책이었음을 알게 되어 다양한 선택과 가능성을 동시에 고려할 수 있게 됩니다.

인생의 후반기에는 훨씬 담대하고 포괄적인 선택과 해결책을 내놓기 위해서 창의적인 긴장감을 유지하는 힘을 키우는 것이 필요합니다. 역설의 지혜를 이해하고 강화함으로써 깊은 영적 성장의 영역을 탐구할 수 있게 됩니다.

더 능숙한 문제해결사, 중재자, 정의의 수호자 그리고 인내와 자비의 헌신이 될 수 있으려면 자아의 모든 관점을 실현시키고 균형을 이뤄 하나로 모아야 합니다. 모두를 위해 진리와 선과 아름다움을 결합하는 확고하고 현명한 존재가 될 것입니다. 이것이 바로 지혜의 길이며 우리가 가져야 할 인생 후반기의 주요 과제입니다.

17세기 일본의 시인 바쇼는 "천지창조를 제외한 인류의 가장 큰 수수께끼는 우리의 내면과 외부 세계가 통합된 아름다움으로 창조된 세계를 우리가 알아가는 것"이라고 했습니다. 그가 쓴 다음의 시에 가장 잘 묘사되어 있습니다.

당신과 나, 두 인생 사이에
벚꽃의 삶도 있네.

바쇼가 말하는 "벚꽃의 삶"이란 우리의 두 삶, 즉 내면과 외부 세계 사이의 문턱에서 발견되는 참된 본성의 무한한 아름다움을 의미합니다. 벚꽃은 우리가 만지고 음미하고 보는 것을 영광스럽게 여기지만, 두 세계가 조화를 이루기 전까지는 찰나로만 보이는 본질적인 신비의 존재를 상징합니다.

후반기의 삶에서는 본질적인 자아로 돌아가서 벚꽃의 삶처럼 아름답게 꽃을 피우는 기회가 주어집니다.

인생 후반기의 통과의례,
여덟 개의 문

좁은 문으로 들어가라.
멸망으로 인도하는 문은 크고 길이 넓어 그 길로 가는 자가 많지만
생명으로 인도하는 문은 작고 길이 좁아 찾는 자가 적다.
_〈마태복음〉, 예수의 산상설교

이야기의 힘

이야기는 세계의 모든 문화권에서 찾아볼 수 있는 가장 오래된 교육의 도구입니다. 우리가 만나게 될 과제, 도전, 시험, 선물 등의 안내를 제공하는 모든 과정에 이야기가 있습니다.

다음에 소개하는 여덟 개의 문 이야기는 노화와 노년에 관한 이야기들에서 전 세계적으로 발견되는 보편적인 주제를 따르고 있습니다. 필자는 이러한 주제를 통합하고 각색해 각 문에 필요한 맥락을 제시했습니다.

우리는 여덟 개의 문으로 자신만의 여행을 떠납니다. 웅장한 서사시의 주인공이 새로운 임무를 수행하기 위해 익숙한 곳을 떠나는 것과 비슷합니다. 그리고 대부분의 이야기들이 그러하듯 우리는 홀로 여행하지 않습니다. 도움을 주는 동료를 만나기도 하고, 장애물과 때로는 예상치 못한 선물도 받기도 하고, 우리의 성장을 돕고 우리 인생에 불필요한 것들을 없애는 의외의 상황을 맞이하기도 합니다.

여덟 개의 문 이야기에서 조력자는 심오한 지혜를 지닌 땅속 요정입니다. 많은 문화권의 동화 속에 나오는 요정은 매우 지혜롭고 장난기 많은 작은 인간의 모습으로 등장해서 어려운 환경에 처한 사람들에게 마법을 이용해 실질적인 도움을 주는 것에 기쁨을 느낍니다. 인생의 후반기에서 그들은 문과 그 신비로 가는 길을 알려주는 중요한 안내자들입니다.

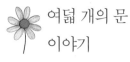

여덟 개의 문
이야기

갈색 펠트 모자에 초록색 장화를 신은 늙은 요정이 떡갈나무 아래 서서 한쪽 발로 나무 위로 드러난 뿌리를 툭툭 치며 낡고 녹슨 열쇠고리를 흔들고 있습니다. 그는 더 가까이 오라며 주름진 손가락으로 손짓하며 확신에 차서 이야기합니다.

"인생의 후반기에 여덟 개의 문을 지나갈 때면 결코 잊어서는 안 되는 오랜 이야기가 있으니 잘 들어보게. 자네는 이제 은의 문으로 들어와서 금의 문으로 나가게 될 걸세. 은의 문에서 태어나 금의 문에서 죽는 것이지. 이 두 문 사이에도 여러 개의 문들이 있다네. 은의 문은 모험의 시작을 알리는 문일세. 주위를 비추며 빛나는 은색 문에 매료될 거야. 이 문은 자신에게 익숙하고 안정적인 세상을 박차고 내면의 신비로 다가가라고 재촉할 것이네. 미지를 대면할 용기를 내야 할 거네. 그다음으로 하얀 말뚝의 문에 도착하는데, 이 문에서는 자네의 정체성과 역할이 바뀌게 될 걸게. 그리고 지금까지 살면서 썼던 가면을 마주하게 되지. 진정한 자신의 얼굴을 발견하기 위한 길을 찾게 될 걸세. 또 다음에는 점토의 문에 도착한다네. 거기에는 두 노쇠한 요정이 서 있을 걸세. 한 요정은 하얀색 액체가 담긴 그릇을, 다른 한 요정은 빨간색 액체가 든 그릇을 줄 거야. 그러고는 "절대 이해하지 못할 신비의 세계로 온 것을 환영하네"라고 말하겠지. 점토의 문은 친근함을 쌓고 자신의 성적 욕구를 받아들이고 육체를 존중하는 법을 가르쳐줄 걸세. 다음으로 흑백의 문에는 붉게 타오르는 횃불이 양쪽으로 늘어져 있다네. 이 불을 타오르게 하는 것은 사랑이지. 사랑은 신비와 여정만 남기고 모든 것을 태워버린다네. 이 문은 그래서 반드시 다른 누군가와 함께 통과해야 하네. 그리하면 불이 이렇게 말할 걸세. "두 사람은 겸손해질 것이다"라고 말이지. 다음으로 독특한 문양이 새겨져 있는 전원의 문에 도착할 걸세. 이곳은 높은 산으로 둘러싸인 광활한 초원이 펼쳐져 있네. 초원 한가운데에 땔감이 없어도 타는 불이 있고 그 주위의 바위 위에 앉아 손가락을 흔들고 있는 요정을 만나게 될 걸세. 그 요정은 이렇게 말하지. "창조의 불과 다시 연결되지 않는다면 절대 이곳을 벗어날 수 없어." 전원의 문은 자네 평생의 꿈을 두고 가게 할 거야. 다른 사람들을 위한 선물로 남겨주는 거지. 그러고 나면 뼈의 문으로 가는 산속에 숨겨진 오솔길을 발견하게 될 걸세. 이 길을 지나면 문이 하나 보이지. 문 뒤에는 커다란 통이 있어 하늘에서 내려오는 재가 그 안에 떨어지고 있을 거야. 문턱을 넘을 때 벗겨지는 자신의 거짓된 자아의 잔해가 불에 타 재가 되어 내리는 것이라네. 뼈의 문은 자네의 진정성과 정직함만을 원하거든. 그다음으로는 아름다운 사막으로 둘러싸인 깊고 어두운 숲에 들어가게 되는데 이곳이 자연의 문일세. 그 숲의 가운데에 느릅나무와 물푸레나무가 아치 모양을 이루고 있지. 세상의 모든 여자는 느릅나무에서 나왔고, 세상의 모든 남자는 물푸레나무에서 나왔다고들 한다지. 여기에서 자네는 깊은 만족과 자족감을 찾게 될 거야. 삶의 모든 행복한 순간이 이 문에서 발견되고 자연의 빛이 넘치는 곳이기 때문이지. 마지막으로 신비한 빛으로 가득한 금의 문에 도착할 걸세. 자신의 영혼을 포용하고 순종하며 놓아주는 법을 배우게 될 걸세. 금의 문은 모든 것을 내려놓고, 자신의 신념과 불굴의 정신을 믿도록 자네를 설득하겠지. 그러면 마침내 밝은 황금빛으로 가득한 신비하고 보이지 않는 세계를 통과하게 될 거야. 은의 문에서 금의 문까지 각 문을 지난 후에는 성찰하고, 실천하기를 계속 해야 한다는 것을 꼭 기억하게나."

여기까지 이야기를 마친 요정은 자신의 손가락을 튕기더니 사라집니다.

 성찰과
실천

각 문의 마지막에 요정의 말에 충실할 수 있도록 성찰과 실천이 수록되어 있습니다. 성찰은 전 세계에서 공통적으로 이용되는 사색적 지혜를 얻는 방법입니다. 성찰할 때는 경험에서 배우기 위해 되돌아보고, 의문을 제기하고, 재평가함으로써 전에는 고려하지 않았던 선택을 깨닫게 되는 새로운 통찰력을 갖게 될 것입니다.

기록하기는 성찰의 오랜 방법의 하나로서 그 순간에 벌어지는 일을 알아채는 매우 훌륭한 도구입니다. 성찰 중에 자신에게 떠오르는 통찰력에 관한 간단한 메모니 기록이 상당히 유용하다는 것을 알게 될 것입니다.

세계의 영적인 전통에 따르면 실천은 우리를 발전, 변화시키고 수련을 강화하고 집중할 수 있도록 하여 의식을 확장시키고 변화를 용이하게 합니다. 새로운 것을 배우거나 변화를 원할 때면 의식적이고도 지속적으로 실천해야 합니다. 실천을 통해 걷고, 쓰고, 말하는 법을 배운 것처럼 언제든지 그 변화의 힘으로 자신을 변화시킬 수 있습니다.

실천은 능동적이고 역동적이고 엄격해야 합니다. 성찰을 기반으로 꾸준히 실천하고, 효과가 있는 것과 없는 것을 구별할 수 있게 되면 실천은 단순히 되돌아보거나 지적인 이해를 위한 연습에 그치지 않습니다. 실천이란 변화를 뒷받침하고 새로운 가치와 기술과 인품을 결합하고 강화시키기 위한 규율을 제시하는 매일의 행동을 가리킵니다.

이렇듯 성찰과 실천은 후반기 인생에서 지혜를 함양하고 구체화하기 위한 필수 요소입니다.

자, 이제 인생의 후반기에 여덟 개의 문을 통과하는 우리만의 여정을 시작해야 할 때입니다. 우리는 이야기에서 언급된 문들을 경험하게 될 것입니다. 우리의 후반 인생에서 이 지혜의 여덟 개 문을 열었다는 것은 죽음과 영생이라는 궁극의 신비를 향한 마지막 여행에 앞서 우리의 인생을 통합시키고 결실을 맺고 개선할 준비의 시간을 갖게 된다는 뜻입니다.

자신의 나약을 깨닫는 문을 통해 강인함이 깃듭니다.
자신의 고통을 깨닫는 문을 통해 기쁨과 즐거움이 깃듭니다.
자신의 두려움을 깨닫는 문을 통해 안심과 보호가 깃듭니다.
자신의 외로움을 깨닫는 문을 통해 성취와 사랑과 교우의 능력이 깃듭니다.
자신의 절망을 깨닫는 문을 통해 신실하고 올바른 희망이 깃듭니다.
어린 날의 결핍을 수용하는 문을 통해 현재의 충만함이 깃듭니다.

_ 에바 피에라코스, 《자기 변화의 도정The Pathwork of Self-Transformation》

은의 문

새로운 경험과 미지와의 만남

나는 손을 찬양하고 싶어요.
우리를 새롭게 창조하는 그 건축가들을.
우리가 될 수 있는 모습을 보여주는 도제작자인 손가락들을.
그리고 느리고 긴 곡선을 숭배하는 여사제들 같은 오목한 손바닥을.

_ 엘렌 바스, 《찬양To Praise》

탄생은 출발지요, 죽음은 목적지다.

유년에서 성숙기로, 청춘에서 노년으로,

순수에서 깨달음으로, 무지에서 인식으로,

어리석음에서 분별로, 그리고 지혜로.

연약함에서 강함으로, 강함에서 연약함으로.

기도하나니 건강에서 질병으로, 질병에서 다시 건강으로.

죄에서 용서로, 외로움에서 사랑으로.

기쁨에서 감사로, 고통에서 연민으로.

슬픔에서 이해로, 두려움에서 믿음으로.

패배에서 승리로.

이전에도 앞으로도, 승리는 높은 곳에 있지 않고

차근히 여정을 밟아 나아가는 발걸음에 있음을 알게 되도다.

_대속죄일 기도문

그러므로 우리가 낙심하지 아니하노니
우리의 겉은 낡아지나 우리의 속은 날로 새로워지도다.
우리가 잠시 받는 환난은
지극히 크고 영원한 영광을 우리에게 이루게 함이니.

_ **〈고린도후서〉 4장 16~17절**

'은의 문'은 새로운 시작과 모험의 신비를 예고합니다. 우리는 인생을 사는 동안 여러 차례 이 문에 당도했습니다. 사물을 비추며 반짝이는 은의 문은 우리가 아직 경험하지 못한 모든 경험들의 빛나고 영적이며 매혹적인 속성을 보여줍니다.

　인생의 후반기에 이 문에 도착하더라도 노년기를 질병, 상실과 우울, 절망과 죽음으로만 연관 지어 생각한다면 다시 되돌아갈 수밖에 없습니다. 사실 이 시기는 그동안 쌓아 온 지식과 지혜를 되돌아볼 수 있는 새로운 기회의 시간입니다. 거울처럼 빛나는 이 신비로운 은의 문은 이미 알고 있는 자신의 본성을 돌아보게 하고 진정한 자아를 향해 긴 여정을 시작하라고 우리의 등을 떠밉니다.

과제

은의 문은 자아를 내려놓고 몸과 마음의 노화를 받아들이는 과정을 시작하는 문입니다. 이 변화에 응하면 문은 지금까지 감춰왔던 매우 유용한 선물을 보여주고 새로운 자유를 경험할 수 있게 해줍니다. 이 선물을 받아들이고 희망과 영감의 원천을 계속 유지할 수 있다면, 우리는 노화에 대한 고정관념에서 벗어날 수 있습니다. 그러면 지혜의 시간 동안 경이로움, 경외감, 희열을 온전히 나만의 것으로 만들 기회를 얻을 것입니다.

은의 문에서 우리의 과제는 익숙한 것들을 넘어서서 호기심과 신뢰, 융통성을 발전시키는 능력을 강화하는 것입니다. 은의 문에 기꺼이 다가가 그 문에 투영된 새로운 자신의 모습을 바라보는 것은 현실에 대한 고정된 시선을 바꾸고 싶은 우리의 소망을 보여주는 것입니다.

이 문에서 진심으로 자신의 인생을 되돌아보고, 그 순간 우리의 내면과 외부 세계에서 나타나는 것을 발견해야 합니다. 그럼으로써 진정으로 무엇이 우리에게 의미와 생명력을 불어넣고 그렇지 못하고 있는 것인지를 구별하게 됩니다.

오스트리아의 철학자 마르틴 부버Martin Buber는 인생의 후반기에 경이로움과 희망과 영감을 가져다주는 것들을 어떻게 유지해야 하는지를 이야기했습니다. 자신의 저서《나와 너I and Thou》에서 "늙는다는 것이 영광스러운 이유는 시작한다는 것이 무엇인지를 배우지 않아도 그 의미를 알기 때문이다"라고 말했습니다. 편하고 익숙한 것에 기대기보다는 새로운 미지의 것을 경험하고 싶은 열망은 은의 문이 가까이 있다는 것을 알려주는 것입니다.

은의 문은 후반기 인생의 문턱으로 가는 입구입니다. 모든 문들의 시작이자 지혜의 시간을 맞이할 것인지를 선택하게 되는 곳입니다. 은의 문은 우리가 인생에서 아직 발견하지 못한 새로운 믿음, 관심사, 관계, 새로운 계획, 영감의 원천을 내재하고 있습니다. 그래서 이 문은 탄생의 문이기도 합니다. 삶의 기원을 알려주고 잉태하고 성장을 촉진하고 산고를 시작하고 새로운 존재를 당당하게 표하는 것입니다. 은의 문은 독립된 문이면서도 다음에 이어지는 모든 문들의 일부이기도 합니다.

나이가 들어가면서 많은 사람들이 새로운 경험을 모색하거나 성장하기보다는 안락한 곳이나 습관적인 일상에 머물려고 합니다. 하지만 젊은 시절을 거쳐 중년이 되고, 나아가 노년기에 들어설 때 오히려 모험적인 삶을 살아야 합니다. 새로운 눈으로 우리의 인생을 바라볼 때 궁극적으로 전혀 새로운 우리의 경험, 즉 죽음을 위한 준비를 시작할 수 있기 때문입니다. 빛나는 은의 문에서 우리는 이런 새로운 눈을 키워야 합니다.

신학자 존 오도노휴John O'Donohue는 미지의 영역을 탐험하는 강력한 방법을 제시합니다. 이는 삶과 죽음 모두에 가까워지는 연습이기도 합니다. 오도노휴는 자신의 시 〈유연Fluent〉을 통해 매일 새로운 것을 탐구해야 한다고 주장합니다.

스스로 펼치는

놀라움에 실려

흘러가는 강물처럼

살고 싶다.

강은 지연의 스승이자 융통성과 회복력, 인내를 의미합니다. 강은 인생의 후반부에 우리에게 유용하고 필요한 자질들입니다. "스스로 펼치는/ 놀라움에 실려/ 흘러가는 강물처럼/ 살고 싶다"는 것은 인생의 후반부에 누리는 호사이며 은의 문이 우리에게 주는 필수 과제이기도 합니다. 여기서 우리는 새로운 순수함과 지혜로움으로 돌아가 영적인 이해를 탐구하고, 세상을 호기심 가득한 눈으로 바라보게 될 것입니다. 이 문은 우리 자신의 무관심하고 경직된 모습, 희망과 신념, 생기발랄한 모습을 가감 없이 보여줍니다.

은의 문에서 해야 할 도전은 재생의 힘을 다시 끌어모아 유지하는 것입니다. 세계의 많은 문화권에서 이를 위한 다양한 수련 방법을 엿볼 수 있습니다.

미국 남서부 토착민들은 지혜와 인격을 함양하기 위해서는 반드시 물처럼 유연하고, 불처럼 따뜻하고, 산처럼 강직한 능력을 개발해야 한다고 생각합니다. 그렇지 않으면 영혼을 상실하는 고통을 겪어야 한다고 믿습니다. 은의 문에서 '영혼의 상실 또는 생명과 같은 의미 있는 것과의 단절'을 볼 수 있습니다.

이 증상은 냉담과 무관심, 공허함, 우울 또는 무감각의 형태로 나타나기도 하고, 때로는 혼란이나 강박, 신념의 상실, 초조함, 짜증, 비판적인 성향, 생기 부족으로 나타나기도 합니다. 이런 상태들은 오래 해왔던 일 또는 관계 등의 끝을 알리는 신호이면서 새로운 것이 나타날 것이라는 인식이기도 합니다.

고대 유럽에는 영혼의 상실을 막는 풍습이 있었습니다. 스페인 피레네산맥 근처에서 여전히 이어져 내려오는 이 풍습은 매달 태어난 날에는 이전에 하지 않았던 것을 하는 겁니다. 이러한 훈련을 위해서는 규율과 창의력, 독창성, 동기가 필요합니다.

새롭고 낯선 것을 경험할 때 우리는 영혼 상실의 증상을 몰아낼 수 있을 뿐만 아니라 정신을 새롭게 하고, 호기심을 키우고, 두려움을 줄이고, 창의력을 높이며 최후의 새로운 경험인 죽음에 친숙하게 다가갈 수 있게 됩니다.

원주민들의 풍습처럼 무언가를 탐구하든 매달 새로운 것을 실천하든 은의 문에서 우리는 자신이 무엇을 갈망하고 있는지에 귀를 기울여야 합니다. 그리고 우리의 영혼이 새로운 경험(죽음)을 향해 갈 때 불안과 무기력과 같은 신호가 나타난다는 사실도 반드시 인식해야 합니다.

러시아의 대문호 레오 톨스토이Leo Tolstoy도 나이가 들면서 딜레마에 봉착했습니다. 자신의 작품을 향한 대단한 찬사가 오히려 불편했습니다. 그의 외적 성공은 부담으로 다가왔고, 내면의 공허함이 점점 더 커지면서 상실감과 영혼의 단절을 느꼈습니다.

그는 영혼의 고백서라 할 수 있는 《고백론Confession》에서 "나는 어떻게 살아야 할지 몰랐다"라고 말합니다. 한동안 톨스토이는 성공했지만 정서적으로 만족스럽지 못한 외적인 삶과 의미 있고 충만한 내적 삶을 향한 욕구 사이에서 실존적 위기를 경험했습니다. 말년에 이르러 그는 그토록 갈망했던 조화로운 삶을 통해 소박하지만 충만한 삶을 살기 시작했습니다.

톨스토이는 먹을거리를 직접 재배했고 의미 있는 봉사와 명상을 하며 하루하루를 보냈습니다. 그는 내적 깨달음과 삶의 만족을 글로 표현했습니다. 책을 출간하는 것은 중요하지 않았습니다. 우리를 새롭게 하는 것들은 우리가 알고 있는 의미들을 다시 생각해보게 합니다. 톨스토이처럼 이러한 재구성은 우리를 재생시키고 새로운 모습을 펼칠 수 있게 해줍니다. 이것이 은의 문에서 우리가 해야 할 과제입니다.

영국의 시인 윌리엄 버틀러 예이츠William Butler Yeats는 보다 더 중요하고 강력한 동기로 성장한 또 다른 작가입니다. 평소에 펜싱을 좋아했던 그는 펜싱이 그에게 생기와 새로운 통찰력을 부여해준다고 생각했습니다. 그래서 펜싱이 자신에게 미친 영향과 통찰력에 대해 글로 썼습니다. 그에게 펜싱은 자신 안에 있는 새로운 무언가를 느끼도록 도움을 준다고 말입니다.

나는 30분 동안 펜싱을 하며 하루를 마감하곤 한다. 그런 날 베개를 베고 눈을 감으면 내 앞에서 플뢰레를 하는 모습이 아른거린다. 가죽 덮개가 내 얼굴로 떨어진다. 우리가 무슨 일을 하든, 상념이 우리를 어디로 이끌든, 우리는 언제나 마음 깊은 곳에서 만난다. 그것은 의지력을 가진 또 하나의 존재다.

펜싱은 늘 예이츠의 영혼을 불태우는 것과 연결되어 있는 "다른 의지"를 발견할 수 있는 계기를 만들어주었습니다.

 네 개의
불

불은 보통 자각이라는 정신적 상징으로 인식되고 있습니다. 불은 정화의 힘으로써 사용하기에 따라 건설적일 수도, 파괴적일 수도 있습니다. 성경이나 코란, 모세 5경과 같은 성서에서 불을 변화, 교화 또는 새로운 의미를 전달하는 생명력을 상징합니다.

전통적으로 성서들이 말하는 네 개의 불은 통찰의 불, 마음의 불, 창조의 불, 영혼의 불을 일컫습니다. 지금까지 살면서 우리는 이 불들을 만나왔고, 인생의 후반기에는 이 불들과 다시 연결되어 우리에게 진정으로 영감을 주는 것을 경험해야 합니다.

통찰의 불은 우리가 해야 할 일을 볼 수 있는 심안을 열어주고 영감을 주고 우리의 삶에 가능성과 잠재력을 보여주는 비전이나 꿈을 제시합니다. 마음의 불은 우리가 무엇을 또 누구를 사랑하는지 가르쳐줍니다. 창조의 불은 우리가 사랑하는 작품, 재능에 대한 예리한 각성, 그리고 세상에 공헌하기 위해 재능을 사용하려는 우리의 열망을 보여줍니다. 영혼의 불은 진정한 자신의 모습이 되어 다른 사람들에게 봉사할 것을 요구합니다.

마틴 루터 킹 주니어Martin Luther King Jr., 엘리노어 루즈벨트 Eleanor Roosevelt, 마하트마 간디Mahatma Gandhi, 테레사 수녀Mother Teresa는 모두 네 개의 불을 지닌 사람들입니다. 이들은 위대한 꿈에서 영감을 얻는 사람이나 불을 깊이 탐구하는 사람들이 가지고 있는 특성을 지니고 있습니다. 네 개의 불은 인간의 정신 속에서 의미 있는 연결고리를 찾고, 창의력과 비전을 생산적인 방식으로 표출하며 심화와 재생을 위한 영혼의 자극에 귀를 기울이도록 격려합니다.

동화작가인 클래리사 핀콜라 에스테스Clarissa Pinkola Estes는 변화의 속성을 가진 불의 기능과 힘을 다음과 같이 생생하게 묘사합니다.

우리는 차가운 마음 깊은 곳에 자리한 그루터기로, 노력 없이 이루어지는 변화란 있을 수 없다는 것을 알고 있습니다. 우리는 어떤 식으로든 완전히 태워서 재가 된 후에야 한때 나 자신이라 믿었던 사람의 잿더미, 바로 그곳에서부터 시작해야 한다는 것을 알고 있습니다.

인간의 마음 깊은 곳에서 나오는 열정적인 소생의 정신, 불의 힘은 각 문화마다 저마다 다른 이름으로 불립니다. 스페인 플라멩코의 두엔데, 이탈리아 오페라의 베리시모, 포르투갈의 파두, 아르헨티나의 탱고, 라틴 아메리카의 산다데, 미국의 재즈는 모두 열정의 형태로서 규율과 자율 사이에서 긴장감을 유지하고 침묵과 역동성을 융합하며, 감동이 담긴 표현을 창조적인 형태로 구현한 이름들입니다.

스페인의 시인 페데리코 가르시아 로카Federico Garcia Lorca는 〈깊은 노래의 시Poem of the Deep Song〉에서 주로 영혼의 불을 일깨우는 소생력에 대해 다음과 같이 표현하고 있습니다.

두엔데의 등장은 형태의 급진적인 변화를 의미한다. 그것은 오랜 단면에 기적처럼 새롭게 창조된 특성과 함께 알 수 없는 신선함을 가져다주어 거의 종교와도 같은 열정을 만들어낸다.

은의 문은 인생의 후반기에 있는 우리가 영적 소생의 원천과 교류하도록 노력하라고 합니다. 이 반짝이는 문은 우리가 내면의 불을 따라가 외형적인 삶에서 그 불을 두엔데를 이용해 표출하라고 합니다.

선물

"스스로 펼치는/ 놀라움에 실려/ 흘러가는 강물처럼/ 사는" 삶에 전념하면 지혜라는 선물이 저절로 모습을 드러낼 것입니다. 지혜를 통해 우리는 삶을 새로운 관점에서 보게 되고 새로운 호기심이 생기고 더 많은 발견과 깨달음을 얻게 될 것입니다. 나아가 통찰력을 발견하게 될 것입니다.

86세의 마사 맥칼럼Martha McCallum은 70대에서 90대 이상의 노인들과 나눈 인터뷰 모음집인 《소중한 지혜What's Worth Knowing》에서 이와 같은 경험을 이렇게 설명합니다.

어느 날 아침 나는 식탁에 앉아 허공을 바라보고 있었어요. 해가 뜨고 바람이 부는 그런 아주 보통의 날이었죠. 그런데 그날 식탁을 가로지르는 한줄기 햇살이 크리스털 소금 병을 비추는 것이었습니다. 순간 부엌은 형형색색의 빛으로 반짝이고 있었죠. 지금껏 보았던 그 무엇보다도 아름다운 광경이었어요. 그런데 그 소금 병은 15년이 넘게 식탁 위에 놓여 있었거든요. 분명 다른 날 아침에도 그렇게 햇빛이 식탁을 가로질러 비추고 있었지만 나는 일을 하느라 너무 바빴던 거예요. 그래서 내가 또 무엇을 놓치고 있는지

궁금해졌어요. 그리고는 이것이 바로 은총이라는 것을 깨달았답니다.

우리의 삶에서 은총을 깨닫는 것은 곧 축복이고, 이 축복으로 인해 우리는 은의 문에서 호기심과 희망, 융통성과 감사하는 마음을 갖게 됩니다. 이리한 소생의 선물들은 네 개의 불로 유지되는 두엔데의 정신을 갖도록 해주고, 인격과 지혜의 깊이에서 생겨나는 지속 가능하고 통합된 생명력을 만들어줍니다.

다음 질문들을 조용히 생각해봅시다. 질문은 곧 탐구입니다. 성찰의 과정을 통해 모든 질문은 탐구가 되고 자아를 발견하는 여정이 됩니다. 질문을 곰곰이 생각해보고 연구하다 보면 적절한 때에 통찰력이 나타납니다.

다음의 여섯 가지 질문에 대한 답을 고민하며 은의 문으로 다가설 때 자신에게 무엇이 나타나는지를 살펴봅시다.

- 당신은 언제 자유롭게 흐르는 정신을 경험합니까? 그리고 "스스로 펼치는/ 놀라움에 실려/ 흘러가는 강물처럼/ 살고 싶은" 때는 언제입니까?
- 당신에게 의미와 희망, 영감과 호기심을 불러일으키는 것은 무엇입니까?
- 무기력, 냉담, 공허감, 무감각, 혼란, 허무, 불만, 불안 등과 같은 영혼의 상실 증상을 겪는 때는 언제입니까?
- 원했지만 계속 포기해온 개인적인 열망이나 소망은 무엇입니까? 그 소망을 방해하는 것들은 무엇입니까?
- 스스로를 회복시키고 소생시키는 방법은 무엇입니까? 로카의 두

엔데를 경험하는 부분은 무엇입니까?

- 통찰의 불, 마음의 불, 창조의 불, 영혼의 불. 이 네 개의 불을 깊이
  생각해봅시다. 자신의 꿈, 일, 건강, 사람과의 관계, 창의성, 영혼의
  욕망에 대해 네 개의 불은 무엇을 보여주고 있습니까?

지난 행적을 되짚어보는 추적의 과정은 모든 영적인 수련이나 수양의 필수적인 요소로서 객관적이고 공정한 관조의 마음을 기르는 능동적인 도구입니다. 행적을 되짚어보는 동안 주의를 집중하고 호기심과 침착함을 유지하면서 그 순간에 떠오르는 것을 살핍니다.

이 과정은 균형감각은 물론 객관성과 분별력을 길러 우리 자신과 다른 사람들에게 긍정적인 변화를 만들어내는 행동의 과정을 보여줍니다. 우리의 경험을 되짚어봄으로써 그 경험을 자신 안에 통합할 수 있습니다.

우리는 세상을 살아가면서 발생하는 일들과 관계들에 긍정적 또는 부정적인 의미를 부여할 때가 있습니다. 그러나 지나온 길을 되짚어볼 때는 판단하지 않고 객관적으로 바라보게 됩니다.

생활 속에서 이 과정을 실천하려면 스스로의 의도를 인식하고 유념하면서 진정으로 임해야 합니다. 자신이 어떤 길을 걸어왔고, 그 결과로 얻은 것은 무엇이며 새로운 방향을 따라 제대로 길을 가고 있는지 주의를 기울여야 합니다.

영혼의 다섯 단계

추적의 방식은 해리 R. 무디Harry R. Moody와 데이비드 캐롤David Carroll의 책《영혼의 다섯 단계The Five Stages of the Soul》에서 찾아볼 수 있습니다. 다섯 단계는 부름, 추구, 분투, 돌파, 회귀입니다. 각 단계는 전 단계에 대한 논리적 연장 선상에 있으며, 자연스럽게 다음 단계로 넘어갑니다. 또한 이 단계들은 우리의 영적 탐구에서 완전히 순환을 이룹니다.

먼저 삶의 영역을 선택해야 하는데 일이나 건강, 재정 또는 인간관계 등에서 현명한 선택이나 결정을 위해 추적하고 싶은 부분을 선택하는 것입니다. 예를 들어, 일을 되짚어보고 싶다면 일의 관심사를 부정하지도, 몰입하지도 않은 채 마음속에 둡니다. 영혼의 각 다섯 단계에서 필요한 것을 관찰하면서 호기심을 가지고 분별 있게 이 관심사들을 추적해 봅니다.

• 일의 어느 부분에서 내가 필요합니까? 나에게 일의 본질과 의미는 무엇입니까? 무엇을 하고 싶습니까? '부름'에 충실하기 위해 어떤

구체적인 조치를 취할 수 있습니까?

• 내가 일에서 추구하는 것은 무엇입니까? 무엇이 나에게 만족을 줍니까? 어떤 것에 기여하고 싶습니까? 나에게 중요한 것을 찾기 위해 어떤 조치를 취할 수 있습니까?

• 직장 내의 분투에는 무엇이 있습니까? 그 안에서 자신은 분투하고 있습니까? 이 분투의 패턴이 있습니까? 이러한 패턴을 없애고 새로운 역동성을 만들기 위해 어떤 조치를 취할 수 있습니까?

• 3개월 내에 조직에 큰 발전을 가져오기 위해 어떤 돌파구를 만들고 싶습니까? 이러한 돌파구를 마련하기 위해 어떤 행동 계획을 세우겠습니까?

• 회귀는 익숙한 경험의 세계로 돌아가 다른 결과를 얻는 것입니다. 일에 효과적이어서 되돌아가고 싶은 부분이 무엇입니까? 추적 중인 현재 문제에 이 효과를 어떻게 적용할 수 있습니까? 조직과 동료에게 어떤 영향을 미칠 수 있습니까? 효과적인 회귀를 실행하기 위해 어떤 조치를 취할 수 있습니까?

무디와 캐롤의 영혼의 다섯 단계를 따라가면서 이 과정을 거치면 인생의 어떤 중요한 문제라도 효과적으로 되짚어볼 수 있습니다. 이런 추적의 실천을 통해 우리는 내면의 지침에 따라 현명한 행동을 배우게 될 것입니다.

내 발에 축복이 있기를.

내 가장 높은 의지의 길을 걷나니.

_ **로빈 모건**Robin Morgan

하얀 말뚝의 문

정체성의 변화, 참된 얼굴의 발견

우리는 당신의 손에 꼭 안겨 있다가 아낌없이 흩뿌려집니다.

_라이너 마리아 릴케, 〈시간의 서 Book of Hours〉

내면으로 들어가 자신을 바라보라.

자신의 모습이 아름답지 않다면

아름다운 조각상을 만드는 조각가처럼 행동하라.

그는 사랑스러운 얼굴이 나올 때까지 이곳을 다듬고, 저곳을 고르고,

이 선은 더 부드럽게, 저 선은 더 선명하게 만들 것이다.

그러니 우리도 이렇게 하자.

과한 것은 잘라내고, 비뚤어진 것은 바르게 하고,

그늘진 부분에 빛을 비추자.

아름다운 조각상을 만들기 위해 다듬는 일을 절대 멈추지 말자.

조각상에서 나오는 신성한 미덕의 위풍이 나를 비출 때까지.

그 무결한 성소에 우뚝 선 온전한 선을 목도할 때까지.

_ **플로티누스**Plotinus, 《**에네아데스**The Enneads》

모든 얼굴에서

진정한 얼굴은

수수께끼처럼 베일에 싸여 있다.

_ 쿠사의 니콜라스, 《15세기 기독교 신비주의 종파의 글》

하얀 말뚝의 문은 우리가 젊은 시절에 이루었던 지위나 직업이 곧 자신이라고 생각하는 지나친 동일화의 상태를 살펴보도록 합니다. 이 문에서 우리가 맡아왔던 역할이나 기술, 직업적인 평성들이 자신의 실제 모습이라고 착각했음을 확실히 알게 됩니다.

이 문은 우리의 변화하는 정체성과 사회적인 가면을 드러내줍니다. 진짜라고 생각했던 자신의 모습과 그렇지 않은 자신의 모습을 다시 한번 생각하게 하고, 야망과 자아의 욕구 너머의 진정한 자신의 본질을 재발견하도록 합니다. 이 문의 각각의 말뚝은 우리가 이제까지 발전시켜 온 역할을 상징합니다. 문의 전체를, 즉 우리의 총체적인 모습을 살펴봐야 합니다.

하얀 말뚝의 문은 치아를 상징하는데 변형과 변화를 나타냅니다. 치아가 나거나 빠지면 우리의 얼굴이 변하기 때문입니다. 어릴 적 새로운 치아가 날 때 비로소 이 문을 처음 경험하게 됩니다. 인생의 후반기에 나타나게 될 새롭고 지혜로운 얼굴을 만나기 위해 우리는 하얀 말뚝의 문으로 다시 돌아온 것입니다.

영국의 의사 토마스 브라운Thomas Browne은 이 문에서 우리를 기다리고 있는 보상에 대해 다음과 같이 썼습니다.

밖에서 찾아 헤맨 경이로움이 우리 안에 있었다.

우리가 오랫동안 바깥에서 찾았던 것이 실은 항상 우리 안에 있었습니다. 그것은 그동안 우리가 진정한 자아와 무관한 또 다른 자아 정체성을 만드느라 분주한 사이에도 우리가 알아봐주기를 바라며 참을성 있게 기다리고 있었던 것입니다.

과제

하얀 말뚝의 문에서 해야 할 과제는 우리의 가면과 역할, 일, 이력, 인간관계에 연연해하지 않는 진정한 자신의 본질을 밝혀내고 일깨우는 것입니다. 이 본질은 진정한 자아의 근원적 지혜와 광채를 담고 있어서 우리는 영적인 경험을 하려고 애를 쓰는 인간이 아니라 인간의 경험을 가진 영적인 존재임을 상기시킵니다.

아프리카에서는 아이의 얼굴, 청년의 얼굴, 중년의 얼굴, 노년의 얼굴, 본연의 얼굴 이 다섯 가지 얼굴이 하나를 이루면 이 지혜의 문을 성공적으로 통과할 수 있다고 믿습니다. 그러나 구르지예츠Gurdjieff는 그의 제자 우스펜스키 P.D. Ouspensky의 저서인 《위대한 가르침을 찾아서In Search of the Miraculous》에서 이 얼굴들을 통합하는 일은 쉬운 일이 아님을 다음과 같이 이야기했습니다.

사람이 평소에 했던 역할을 하지 않고 자신에게 어울리는 역할을 찾을 수 없으면 수치심을 느끼게 되어 춥고 부끄러워서 모두에게서 도망치고 싶은 심정이 된다. 그러나 여기서 의문이 생긴다. 우리가 '원하는 것은 무엇인가?' 조용한 삶인가? 아니면 자기를 갈고 닦는 삶인가? 조용한 삶을 원한다면 분명 자신의 테두리에서 절대 벗어나지 않을 것이다. 평소 자신이 맡은 역할 속에서 편안함과 평화로움을 느끼기 때문이다. 하지만 그가 자기를 갈고닦는 삶을 원한다면 현재의 평화로움을 깨야 한다. 이 두 가지의 삶을 모두 갖기란 불가능한 일이다.

하얀 말뚝의 문은 가족과 문화적 안락 뒤에 숨겨진 진정한 얼굴을 발견하기 위해서는 익숙하고 편안한 역할을 뒤흔들 힘 있고 용기 있는 탐험가이자 모험가가 되어야 한다고 말합니다.

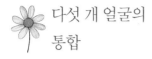# 다섯 개 얼굴의
통합

인생의 후반기에 만나는 하얀 말뚝의 문은 정리의 문입니다. 우리의 가치와 성체성은 행위에서 존재로, 준비에서 수확으로, 획득에서 상속으로, 야망에서 의미로, '나'에서 '우리'로 옮겨갑니다. 여기서 이전의 역할들이 우리에게 주었던 공허한 평화를 파괴해 진짜 얼굴을 드러내야 어린아이, 청년, 중년, 노년의 얼굴과 진정한 본연의 얼굴을 통합하고 표현할 수 있습니다.

어린아이와 같은 경탄과 경외감, 호기심을 경험하게 되면 나이와 상관없이 아이의 얼굴을 유지할 수 있습니다. 우리가 청년의 얼굴을 하고 있을 때 우리의 얼굴은 소년, 소녀의 모습으로 빛이 납니다. 청년은 창조의 불과 모험심에 매료되어 있습니다. 또한 육체는 관능과 성적 관심이 많습니다. 한편 중년의 얼굴은 경험이 많고 신뢰할 수 있으며 책임감이 있는 사람에게서 나타날 수 있습니다. 그리고 노년의 얼굴은 오랜 시간 동안 새겨진 아름다움을 담고 있어서 신비롭고 풍부한 지혜를 드러냅니다. 나아가 강인함과 부드러움, 그리고 섬세함이 결합된 장엄함을 나타냅니다.

우리는 종종 갓난아이의 얼굴에서 노년의 얼굴에서 볼 수 있는 지혜를 발견하기도 합니다. 이는 본연의 얼굴이 존재 자체이자 본래의 영적 본성임을 보여주는 것입니다.

정신의학자 칼 융Carl Jung은 《기억 꿈 사상Memories, Dreams, Reflections》에서 "우리는 인생의 행로에서 천 개의 가면을 쓴 우리 자신을 계속 만난다"고 했습니다. 하얀 말뚝의 문은 다섯 개의 얼굴을 하나로 통합하는 것일 뿐만 아니라 내면의 영적 권위, 즉 본질적인 얼굴을 알아볼 것을 요구합니다. 이 과정은 우리의 진정한 본성을 찾기 위해서 거짓을 버리고 정체성을 변화하는 것을 전제로 합니다. 이 문에서 우리는 확실한 변화와 부활의 과정을 겪는 것입니다.

참된 얼굴을 드러내고 다섯 개의 얼굴을 통합하려면 두 가지 큰 장애물을 극복해야 합니다. 우선 다른 사람들에게서 인정받기 위해 자신의 본성을 버리는 것을 그만해야 합니다. 또, 우리의 거짓된 정체성과 잘 만들어진 가면을 유지하려고 연기하고 가장하고 숨기는 것을 멈춰야 합니다.

다섯 개의 얼굴 중 어떤 얼굴을 잃었으며, 자신과 가장 동떨어진 얼굴은 어떤 얼굴입니까? 다섯 개의 얼굴을 통합하려면 어떤 얼굴이 필요할까요? 어떤 사회적 욕구가 우리 자신을 버리게 만듭니까? 어떤 얼굴이 우리를 연기하고 가장하고 숨기게 합니까?

우리가 가져야 할 인생 후반기의 목표는 이 질문들에 대한 답을 찾는 것입니다. 다섯 개의 얼굴을 공평하고 친숙하게 표현하며, 자아의 얼굴에서 생기는 장애물을 넘어서야합니다. 이를 해낸다면 자아정체성과 우리 자신과의 관계는 인생의 후반기에 크게 변해갈 것입니다.

하얀 말뚝의 문에서는 이기적인 자아가 더 이상 우리를 방해할 수 없습니다. 부풀려진 정체성을 가지고 가면을 쓴 이기적 자아의 얼굴은 영혼 본연의 얼굴에 항복할 것입니다. 심리치료사 데이비드 리코David Richo는 그의 책《내 그림자가 나를 돕는다Shadow Dance》에서 얼굴FACE은 두려움Fear, 애착Attachment, 통제Control, 그리고 권리 부여Entitlement의 각 첫 글자를 따서 만들어진 것이라고 했습니다.

하얀 말뚝의 문에서 가면을 벗은 이기적 자아의 얼굴은 완전히 사라지거나 급격히 줄어들게 됩니다. 두려움, 애착, 통제, 권리 부여(또는 특별해지고 싶은 욕구)도 마찬가지입니다. 이것들은 우리가 진정한 모습이 되는 걸 방해합니다. 이기적 자아의 얼굴을 적극적으로 변화시키지 않고 이 네 가지를 완전히 파괴하지 않으면, 지혜의 시기에 성장할 수 없습니다.

이 문에 들어서면 우리는 변화를 통해 두려움이 아닌 호기심에, 집착이 아닌 해방에, 통제가 아닌 신뢰에, 자격이 아닌 겸허함에 충실해야 합니다. 이러한 변화로 이기적 자아의 얼굴은 사라지고 참된 얼굴이 나타나기 시작하며 다섯 개의 얼굴이 통합되며 지혜가 나타납니다.

때로는 이 변화의 과정을 통해 갑자기 나 자신이 맞는지 알 수 없을 정도로 어색하게 느낄 수도 있습니다. 하지만 이런 정체성의 위기를 겪으면서도 변화를 주저한다면 원래의 삶에서 절대 벗어날 수 없다는 구르지예프의 경고를 기억해야 합니다. 정체성의 위기를 뛰어넘어 우리 자신을 개선하고자 한다면 이 거짓된 평화를 파괴해야만 합니다.

하얀 말뚝의 문에서 진짜 얼굴이 나타나면 우리는 이전과는 매우 다른 관점으로 자신을 바라보기 시작합니다. 이러한 자기 인식의 변화는 처음에는 혼란을 줄 수도 있습니다. 전통 사회에서는 변화에서 생기는 지혜를 찾아내기 위해 변신수라고 알려진 동물 또는 현자를 매개로 했습니다.

저의 경우는 50세가 되고 나서야 자아 인식의 변화가 일어나기 시작했습니다. 꿈에서 많은 동물들이 나타나 확실히 정체성이 변하고 있음을 알려주었습니다. 꿈속에서 거울을 들여다보니 저는 다람쥐 귀에 고양이 수염과 돼지의 주둥이를 하고 있었습니다. 몸 한쪽은 털로, 반대쪽은 비늘로 덮여 있었습니다. 몸 아래를 내려다보니 물갈퀴가 달린 발과 거북이의 손이 달려있었지요. '세상에, 내가 변하고 있구나'라고 생각했어요.

낡은 정체성을 내보내고 통합된 하나의 얼굴로 나타나게 하려면 우리는 다람쥐처럼 지혜롭고 고양이처럼 유연하고 돼지처럼 실용적이며, 자신의 직관과 선조의 지혜를 의미하는 털과 비늘을 이해해야 합니다. 물갈퀴가 있는 오리처럼 땅과 물에서 편안하게 다니며 자유를 얻고 정신을 탐구하고, 거북이가 물속과 육지를 자유롭게 오가는 것처럼 내면과 외부 세계에서 편안함을 느낄 수 있어야 합니다.

작가 수 몽 키드Sue Monk Kidd는 저서《마음이 기다릴 때When the Heart Waits》에서 하얀 말뚝의 문에서 해야 할 과제와 도전에 대해 매우 잘 설명하고 있습니다.

나 자신에게 물어보았다. 내면의 깊고 신성한 곳에서 부름을 받을 수 있을까? 거짓된 자아에서 참된 자아로 향하는 영적인 삶의 여정에 들어갈 수 있을까? 해묵은 가면과 틀을 부수고 더 깊이 있고 참된 자아, 신이 창조한 모습 그대로 자아를 펼칠 수 있을까? 내면에서 아우성치는 미지의 존재를 찾아 내 안의 우주를 뒤흔들어야 할까?

인생의 후반기에서 우리는 깊이와 인격 있는 중용의 덕으로 사는 법을 배워야 합니다. 또한 진정한 자아를 가면 뒤에

감추거나 전문성을 과시하려는 욕구를 부추기는 요인들이 무엇인지 알아야 합니다. 그래서 더 깊고 강인한 정체성을 찾아야 합니다.

인생의 후반기에 만개를 기다리는 참된 존재, 본연의 얼굴을 우리는 어떻게 알아보고 접근할 수 있을까요? 다섯 개의 얼굴을 통합해야 한다는 불안감이나 지속적인 불쾌감을 인정하는 것이 그 과정의 시작일 수 있습니다. 그러면 우리는 이기적인 자아의 얼굴에서 자신을 떼어내는 작업을 할 수 있게 됩니다. 이것이 우리가 하얀 말뚝의 문에서 마주하는 부름, 추구, 분투입니다.

하얀 말뚝의 문이 던지는 도전을 정면으로 맞닥뜨리고 즐기는 사람은 스페인의 예술가 프란시스코 고야Francisco Goya 일 것입니다. 고야는 세월의 흔적을 모두 보여주는 노인의 그림을 그린 적이 있습니다. 그리고 그 그림에 '나는 아직 배우고 있다'라는 표제를 붙였습니다. 그림 속의 노인은 바로 고야 자신이었습니다. 그는 청력을 잃은 뒤에도 죽을 때까지 신선미와 독창성을 키워나갔습니다. 고야는 그림을 자신의 존재와 참된 얼굴의 신비로운 본질을 발견하게 해주는 통합 예술이자 매개로 삼았던 것입니다.

하얀 말뚝의 문은 호기심과 융통성, 자기 수용이라는 지혜의 선물을 가져다줍니다. 다섯 개의 얼굴을 통합하고 더 이상 이기적인 자아의 얼굴에 의존하지 않을 때 우리는 두려움과 애착, 통제, 그리고 과장되고 싶은 욕구를 버릴 수 있습니다. 이 문에서 자신에 대한 믿음과 자기 수용이 완전히 자리 잡았기 때문에 스스로를 과대평가하거나 과소평가하는 것이 불편하고 불필요하다고 느낄 것입니다. 오만과 자기 의심의 흔적도 사라지기 시작합니다. 자기 검증을 위해 외부 세계와 내면의 인정을 더 이상 찾지 않습니다. 자기방어와 공격에 대한 전략으로 유지해왔던 이전의 가면과 역할을 내려놓음으로써 참된 얼굴로 긴장을 풀고 새로운 질서와 조화로움을 경험하기 시작합니다.

이렇게 자신의 지혜로운 얼굴을 받아들이면 우리는 8세기 불교 승려 혜능이 제자들에게 던졌던 화두를 만날 수 있습니다.

네 부모가 세상에 나기 전부터 있었던 너의 얼굴을 내게 보여라.

어린아이, 청년, 중년, 노년 그리고 영원히 빛나는 본연의 얼굴의 특성에 대해 생각해봅시다. 각각의 얼굴들을 구별할 수 있는지 그리고 삶의 어떤 부분에서 그 얼굴이 나타나는지 명확히 구별할 수 있는지 생각해봅시다.

지난 삶과 자신의 다섯 개의 얼굴을 천천히 성찰해봅시다. 인생의 시기마다 어떤 얼굴의 특성이 나타났는지 기억해봅시다. 기억력은 과거의 경험을 아우르는 마음의 행위입니다. 우리가 경험을 기억해낼 때 이들을 통합할 수 있습니다.

다음 질문을 곰곰이 생각해봅시다. 떠오르는 기억과 보이는 것을 기록하거나 그림을 그려봅시다. 기억의 조각들로 콜라주를 만들어볼 수도 있습니다.

- 이기적인 자아의 얼굴은 당신에게 무엇을 가르쳐줍니까? 두려움, 애착, 통제, 자격 또는 특별해지고 싶은 욕구 중에서 여전히 갈등을 겪고 있는 부분은 무엇입니까?
- 어린아이, 청년, 중년, 노년, 본연의 얼굴 중 발달시키고 통합되어야 하는 얼굴은 무엇입니까?

- 참된 얼굴을 발견하는 것을 방해하고 신뢰하지 못하게 하는 것은 무엇입니까? 다른 사람에게 인정받기 위해 자신의 본성을 저버리는 것입니까? 아니면 남에게 잘 보이고 싶어서 연기하고 가장하고 숨기는 것입니까?

- 현재 자신이 맡은 역할이나 가면 또는 정체성 중에 포기하기 어려운 것은 무엇입니까? 자신의 성장을 방해하는데도 깨고 싶지 않은 가짜 평화는 무엇입니까?

- 호기심, 융통성, 자기 수용과 같은 지혜의 선물을 구체화하기 위해 인생의 어느 영역에서 자신의 능력을 보여줍니까?

지혜를 키우려면 배우고 탐구하고 성찰하고 진정성 있는 존재가 되려는 의지가 필요합니다. 고야는 자신을 알아가기 위해 그림을 이용했습니다. 고야처럼 의식적으로 매일 자신에 대해 새로운 것을 배울 수 있는 곳을 찾아야 합니다.

• 일주일 동안 매일 일기나 메모로 기록합니다. 놀랍거나 위안이 되거나 도전적이었던 자신의 참된 얼굴에 대해 배운 것을 적습니다. 지혜는 자신을 솔직하게 마주할 때 받는 선물이며, 자신의 참된 얼굴을 드러내기 시작할 때 그 지혜는 빛을 발합니다.

• 한 달 동안 어린아이, 청년, 중년, 노년, 본연의 얼굴을 파악하고 표현하는 시간을 가져보면서 일상에서 각각의 얼굴을 모두 표현해보세요. 웃는 시간, 노는 시간, 재미있는 시간을 따로 가지면 어린아이의 얼굴에 나타나는 경이로움과 경외감이 늘어납니다. 새로운 것에 흥미를 갖거나 모험의 시간을 가지면 풍요로운 청년의 얼굴이 나타날 것입니다. 일과 창의성을 발휘해 공헌하는 시간을 즐겨보십시오. 책임감과 신뢰감을 띤 중년의 얼굴이 나타날 것입니다. 멘토 또는 안내자가 되어 타인의 고통을 덜어주는 일에 힘쓰

십시오. 봉사와 생산적 활동을 위한 연장자의 헌신하는 모습이 나타날 것입니다. 이렇게 진정한 자신의 심오한 존재감과 본질적인 얼굴을 하나로 연결하려는 침묵과 성찰의 시간을 가져보십시오. 한 달이 지나면 이 중에서 가장 표현하기 어려웠던 얼굴이 무엇이었는지 생각해봅시다. 그다음 달에는 가장 미숙한 얼굴을 표현하는 데 집중해봅니다.

모든 인간의 영혼은 신의 발자취다.

_ 마이스터 에크하르트

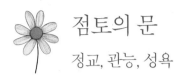

점토의 문

정교, 관능, 성욕

무언가를 받으려면 손을 벌려야 한다.

_ 타이센 데시마루

당신과 나는

너무나 사랑해서

불처럼 타올랐네.

한 줌 진흙으로

당신을 빚고

나를 빚었네.

그러고는 둘을 가져다

부수어

그 조각에 물을 섞고,

다시 당신을 빚고

나를 빚네.

나는 당신 안에 있고,

당신은 내 안에 있네.

살아서는 한 이불을 덮고

죽어서는 한 관 속에 들어가 잠드네.

_ 관도승

점토의 문은 유일하게 정해진 형태 없이 계속해서 모양이 변하는 문입니다. 이 문은 우리에게 육체의 덧없음과 일상에서 일어나는 변화를 상기시켜줍니다. 점토는 흙으로 모양을 바꾸고 변형시킬 수 있다는 점에서 우리의 몸을 연상합니다.

인간의 생명이 소중하듯이 생명을 담고 있는 구조물인 육체 역시 소중합니다. 우리는 흙처럼 강하면서도 연약한 동시에 자신을 끊임없이 변형시키고 재구성합니다. 촉촉하고 고운 흙으로 이루어진 점토는 유연하고 자연스러운 아름다움을 가지고 있습니다. 점토를 만지면 친숙하고 감각적인 경험을 할 수 있습니다.

고대 로마 신화에는 점토와 대지, 그리고 인간과의 친밀한 관계에 대한 이야기가 나옵니다.

걱정과 염려의 신 쿠라는 얕은 강을 건너다가 축축한 점토를 주워 자신이 만들었던 피조물을 회상하며 모양을 만들었다. 그녀는 대지에서 형상화한 그 점토를 주피터에게 가져가 영혼을 넣어달라고 부탁했다. 쿠라는 이 새로운 존재에게 자신의 이름을 주고 싶었지만 주피터와 대지의 신이 그 이름에 대한 권리를 주장했다. 주피터의 아버지 새턴은 이 피조물을 호모Homo라 부르라고 하여 분쟁을 해결했다. 피조물은 점토, 즉 흙으로 만들어졌기 때문이다. 이 피조물이 죽으면 대지의 신은 육체를, 주피터는 영혼을 받게 될 터였다. 그러나 살아있는 동안은 쿠라의 소유였다. 쿠라가 최초로 그 형상을 부여했기 때문이다.

쿠라가 사용한 점토처럼 점토의 문에서는 우리의 육체가 변화되고 바뀌어 새로운 형상이 나타나게 될 것입니다. 그리고 육체적 관계와 성욕과 관능에 대한 개념이 이전과 달라짐에 따라 자기 관리가 필요하다는 점을 알려줍니다.

점토의 문은 육체적 친밀함, 관능, 그리고 성욕의 개념을 처음으로 알게 됩니다. 사춘기에 처음으로 이 문을 접하고 나서 다양한 방식으로 계속 경험하게 됩니다.

점토의 문 뒤에는 노쇠한 요정 한 쌍이 있습니다. 남자 요정은 남성의 신비로움을 나타내는 하얀색 액체가 든 그릇을 들고 있고, 여자 요정은 여성의 신비로움을 나타내는 붉은색 액체가 든 그릇을 들고 있습니다. 하얀색 액체는 젊은 남성에게, 붉은색 액체는 젊은 여성에게 건네주며 요정들은 이렇게 말합니다.

이제 시작이야. 자네들은 절대 이해할 수 없는 숭고한 신비로움 속으로 들어왔다네.

점토의 문은 육체적 관계와 사랑과 열정, 관능, 그리고 성욕에 대한 표현을 지속적으로 변화시킵니다. 성에 대한 표현도 시간이 지나면 변합니다. 감각을 즐기고 아름다움을 감상하는 방법이 바뀌기 때문입니다. 인생의 후반기에 들어선 우리는 몸이 점점 약해지는 변화를 받아들이고, 그런 몸을 조심스럽게 다루어야 합니다. 그러면서 본능적인 몸의 지혜를 믿고 이전과는 다르게 이 관문에 접근해야 합니다. 몸의 지혜는 마음이나 정신이 아닌 몸에 있습니다. 복부 깊숙한 중심부에 우리에게 맞고 틀린 것을 느끼게 하는 물리적 감각이 있는데, 이것이 바로 직감입니다.

나이와 상관없이 육체적 한계를 존중하고, 본능을 믿고, 사랑을 표현하고, 건강을 유지하는 방법을 우리에게 가르쳐 줍니다. 이를 위해서는 자기 관리가 필요한데, 로마 신화에서 육체가 이승에 있는 동안에는 근심과 염려의 신 쿠라에 속해있는 이유기도 합니다.

몸은 우리의 사랑과 창의성을 표현하고 세상에 기여할 수 있는 기본적인 도구입니다. 몸은 우리의 꿈과 여정을 지탱해주는 완벽한 구조물로, 몸이 없으면 우리는 지금 이 자리에 있을 수 없기 때문이지요. 폴리네시아를 비롯한 대부분의 섬사람들은 몸은 대지이자 신비로움이기 때문에 존중해야 한다고 말합니다.

점토의 문은 다음과 같은 몇 가지 화두를 던집니다. 우리가 몸의 지혜를 믿을 수 있는 방법은 무엇일까요? 어떻게 우리의 타고난 육체의 아름다움을 발산할 수 있을까요? 사랑의 표현으로서 육체적 친밀감이나 성욕을 어떻게 나타낼 수 있을까요? 우리의 감정적 고결함과 성적 표현은 어떻게 조화를 이룰 수 있을까요? 우리 몸의 토대인 이 흙을 어떻게 다시 아름답게 만들 수 있을까요? 점토의 신비를 간직하고 있는 몸이 변하는 중에도 육체의 아름다움과 기적을 존중할 수 있는 방법은 무엇일까요?

인생의 후반기에서 점토의 문은 육체의 이미지, 건강, 자존심, 정력, 생기에 대해 생각할 기회를 줍니다. 영원할 것 같은 젊음도 현실적인 몸 상태 앞에서는 무너질 수밖에 없습니다. 성숙은 육체를 부정하지도, 젊음의 환상에 미혹되지도 않는 것을 말합니다.

이 문의 문턱에서는 다른 사람들이 생각하는 자신의 모습에 대한 집착을 버려야 합니다. 허약해지는 육체를 현실로 받아들이고 우리 몸을 조건 없이 받아들이는 법을 배우는 것이 이 관문의 주요 도전입니다. 영원한 것은 없다는 것을 상기시켜줍니다.

하지만 수많은 사람들이 이 현실을 마주하기보다는 성형수술이나 다양한 관계를 맺거나 훨씬 어린 배우자와의 결혼 등 젊음을 되찾고 유지하기 위해 백방으로 노력하고 있습니다. 노화를 부정하고 인격의 발달을 회피하는 사람들도 자주 볼 수 있습니다. 노화는 몸의 지혜를 표현하고, 성숙한 친밀감을 표시하며 의미 있는 것을 탐구하고 다가오는 죽음을 준비하기 위한 필수적인 과정임에도 불구하고 말입니다. 나이가 들어가는 것을 받아들이고 몸의 지혜를 믿는 것은 인격 발달과 참된 자아를 표현하기 위해 꼭 필요합니다.

점토의 문은 우리의 몸을 신뢰하고 사랑하라고 합니다. 그러기 위해서 본능적 관능과 성적 쾌락이 친밀감과 솔직함, 인간적 연약함과 조화를 이루어 마음속에 있는 사랑을 완전히 표현할 수 있도록 해야 합니다.

19세기 시인 월트 휘트먼Walt Whitman은《풀잎Leaves of Grass》이라는 시집에서 세월이 흘러도 사랑에는 끊임없는 표현이 필요하다고 말합니다.

젊음, 커다란 사랑의 욕망.

젊음, 은총과 권능과 매혹.

그러나 그대는 아는가?

젊음이 다한 노년에도

그와 같은 은총과 권능과 매혹이 다가올 수 있다는 것을.

서로에게 닿고 싶은 욕망, 다정한 밀어, 관능적인 애무에 대한 갈망은 마지막 숨이 끊어질 때까지 이어집니다. 그리고 성적 욕망, 육체적 친밀감에 대한 욕구, 감정적 욕망도 생의 마지막까지 계속됩니다.

인생의 후반기에 더 깊은 친밀감을 형성하기 위해서는 우리의 관능과 성욕, 이 두 가지를 통합해야 합니다. 이는 우리 몸에 대한 진정한 수용과 자기 관리가 결합되어야 한다는 의미기도 합니다. 육체 고유의 기능과 한계를 인정하고, 우리는 그저 육신일 뿐이라는 생각에서 육신 그 이상이라는 생각의 전환이 있어야 합니다.

육체적 친밀감, 관능, 성욕의 개념을 합치면 더 큰 의미적 형태를 띱니다. 그래서 몸과 마음, 정신을 아우르는 총체적인 관점으로 접근해야 합니다. 이 문의 문턱은 선입견이나 문화적 제약을 넘어 우리 자신의 모든 면을 동등하게 구현하고 받아들일 수 있게 합니다. 이때 바로 정신이 육체에 완전히 깃들고 나이든 사람들에게서 육체적 노쇠함보다 더 강한 내재적 아름다움을 볼 수 있습니다. 그리고 우리는 몸(대지)을 통해 영혼(하늘)이 거대하게 퍼져가는 것이 무엇인지 깨닫게 됩니다.

남미의 작가 에두아르도 갈레아노Eduardo Galeano는 자신의 책《걸어 다니는 말Walking Words》에서 몸에 대한 다양한 시각을 이렇게 설명합니다.

교회는 말한다 : 몸은 죄악이다.

과학은 말한다 : 몸은 기계다.

광고는 말한다 : 몸은 비즈니스다.

몸은 말한다 : 나는 축제다.

몸은 곧 '축제'라는 것을 알게 되면 우리는 사람을 의식하지 않고 육체를 완전히 받아들이고, 성숙한 사랑의 감정적이고 정신적인 친밀감에 마음을 열 수 있습니다.

호주의 외과의사 마가렛 파울러 Margaret Fowler 는 인생 후반기의 육체적 관계와 사랑에 대한 이야기를 담은 시집 《꽃피는 사랑 Love in Bloom》에서 "나이 든 연인들이 힘든 것은 고장난 육체보다 고장 난 영혼입니다"라고 했습니다. 이제 우리는 서로와 자기 자신을 육신 너머의 존재로 바라보기 시작했기 때문에 우리가 누구인지에 대한 더 깊은 신비를 탐구할 수 있게 되었습니다.

인생의 시기마다 나름의 사랑과 관능적인 아름다움이 있으며, 모든 사랑은 친밀한 환경 속에서 커지고 깊어지게 마련입니다. 친밀감이 꽃피우기 위해서는 정직, 신뢰, 열린 마음, 존중, 연약함 이 다섯 가지 특성이 일관되게 나타나야 한다는 것임을 점토의 문에서 배우게 됩니다. 그러므로 인생의 후반기에서는 이 다섯 가지 특성을 모두 균등하게 키워 나가야 합니다.

이 다섯 가지 특성 중에서 우리와 가장 밀접한 관계가 있는 것은 무엇이고, 가장 발달되지 않은 것은 무엇일까요? 첫 우정, 첫사랑, 첫 경험, 발가벗은 육체와 감정을 타인에게 처음으로 온전히 보여준 그 섬세하고 연약한 순간을 누가 잊을 수 있을까요? 이 모든 친밀한 순간들은 다섯 가지 특성이 있는 곳에서만 확장될 수 있습니다. 이것들을 통해 영혼과 육체를 동시에 감동시킬 수 있습니다.

스페인의 알람브라 궁전 벽에 새겨진 고대 무어인의 금언은 육체와 영혼의 친밀감을 강렬하게 묘사하고 있습니다.

몸을 어루만지는 당신의 손길이 영혼에 닿으면 새들의 사랑 노래가 울려퍼지리라.

점토의 문에서 우리는 친밀감을 쌓는 법을 배우게 됩니다. 친밀감의 가장 큰 장애물은 자아도취와 자기부정이라고 할 수 있습니다. 이 둘을 극복하려면 자아 이미지부터 치유해야 합니다. 젊은 시절 상처받는 것이 두려워 스스로를 보호하다가 결국은 친밀감을 경험하지 못하거나 사랑을 온전히 표현할 능력을 잃게 되었을지도 모릅니다. 우리 모두가 배신당하고 상처받고 실망했던 경험을 가진 '상처받은 사람들의 모임'이라는 것을 알 수 있습니다.

그러나 인생의 후반기에는 상처 입고 부서지고 신랄해지느니 다시 사랑하는 편이 훨씬 낫다는 것도 알게 되지요. 이슬람교의 오랜 속담에서 우리가 경험할 수 있는 가장 큰 후회는 표현하지 못한 사랑이라고 말합니다.

오, 내 마음을 아프게 하소서. 오, 또다시 아픔을 주소서. 그로 인해 나는 사랑하는 법을 더 많이 배울 수 있게 될 것입니다.

인생 초반에 어떤 일이 있었을지라도 점토의 문에서는 사랑과 몸의 지혜를 믿고 그 친밀감을 표현하는 법을 배워야 합니다.

점토의 문이 우리에게 주는 선물은 우리 안에 내재되어 있습니다. 그 선물은 바로 본능적인 몸의 지혜입니다. 예로부터 몸은 거짓말을 하지 않는다고 했습니다. 우리의 과제는 육체를 돌보고 그 움직이는 지성에 귀를 기울이는 것입니다. 몸은 우리가 존중하느냐에 따라 번영하거나 쇠퇴합니다. 몸은 나 자신뿐만 아니라 타인을 존중하는 능력을 드러냅니다.

몸의 지혜는 우리의 진정한 한계를 가르쳐주고, 그 선을 넘으면 경고의 메시지를 보냅니다. 인생의 후반기에는 몸을 남용하지 않고 에너지와 체력을 더 현명하게 사용함으로써 우리의 한계를 존중할 줄 알아야 합니다. 몸을 '축제'로 여겨서 몸을 존중하고 기념해야 합니다. 몸은 우리 자신에 대해 가르쳐주기 때문입니다.

몸은 사랑과 창의성을 표현하는 도구입니다. 우리가 일과 관계 속에서 진정한 조화를 이루는 때 친밀감을 받아들일 수 있는지 그 여부를 알려줍니다. 이 문에서 몸의 지혜라는 선물을 소중히 여기고, 필요한 일을 하게 되면 정직, 신뢰, 열린 마음, 존경, 연약함 속에서 성숙한 육체적 친밀감을 마음껏 경험할 수 있습니다. 노년의 진정한 친밀감은 무언의 다정함을 통해서 표현될 수 있습니다. 이를 통해서 우리는 다섯 가지 특성의 존재를 확실하게 느낄 수 있습니다. 흑인 시민운동가인 메드가 에버스Medgar Evers의 아내인 머를리 에버스Myrlie Evers는 자신의 경험을 이렇게 설명합니다.

저는 장미를 좋아하지만 남편은 꽃집에서 꽃을 사줄 형편이 안 됐어요. 그래서 남편은 더 훌륭한 일을 계획했지요. 해마다 장미나무 뿌리를 가져와서 마당에 심었어요. 그 결과 지금은 장미나무 서른여 그루가 자라 이웃들의 부러움을 샀답니다. 가끔 남편은 장미 한 송이나 꽃다발을 제게 건네곤 해요. 그건 우리 사이의 말 없는 사랑의 구절이 되었죠.

이 말 없는 사랑의 구절은 몸이 말하지 않아도 본능적으로 알고 있어서 자발적이고 진실한 행동 속에, 말 속에, 서로를 어루만지는 손길 속에 표현됩니다. 인생의 후반기에 만나는 점토의 문은 다섯 가지 특성으로 피어난 다정함과 아름다움을 선사합니다. 우리가 타고난 몸의 지혜를 믿고 귀를 기울인다면 이 모든 것이 가능할 것입니다.

성찰

대지의 순환과 자연의 계절에 맞춰 우리의 삶을 성찰해봅시다.

- 몸의 지혜를 존중하고 몸의 기능과 감각과 한계를 인정하기 시작한 시기는 언제입니까? 어떻게 자기 관리의 지혜를 실천합니까? 지나친 허영심이나 태만한 태도 없이 자기 관리를 할 수 있습니까?

- 지금까지 친밀감, 관능, 성적 욕구와 관련된 자신의 관계는 어땠습니까?

- 몸을 '축제'라고 인식하면서 무엇을 배웠습니까?

- 스포츠, 댄스, 무예, 산책과 같은 활동은 몸을 더 편안하게 해줄 수 있습니다. 몸이 가장 편안하고 자유롭다고 느껴질 때는 언제입니까?

- 자신이 육체에 한정된 존재가 아니라는 것을 깨닫게 된 것은 언제입니까?

- 일상의 아름다운 경험은 영혼과 감각을 살찌웁니다. 삶에 더 많은 아름다움을 가져올 수 있는 방법은 무엇입니까?

- 지난해 가장 친밀한 순간과 경험을 기록하거나 그를 기념하는 시를 써봅시다. 지난해와 비교해 자신의 달라진 점은 무엇입니까?

- 친밀감을 높이려면 필요한 정직, 신뢰, 열린 마음, 존중, 연약함의 다섯 가지 특성 중에서 현재 개발하고 발전시켜야 할 것은 무엇입니까?

- 친밀감의 가장 큰 장애물인 자아도취와 자기부정은 자기 신뢰와 자아상에 대한 문제가 아직도 해결되지 않았다는 것을 말합니다. 두 가지 중 극복해야 할 장애물은 무엇입니까?

점토의 문에서 육체적 친밀감과 신뢰, 관능과 수용, 사랑과 아름다움에 대한 관계를 마주하게 됩니다. 일상의 실천을 통해 이 경험을 더 깊이 있게 만들 수 있습니다. 매일 행동하면 편하고 익숙한 것을 넘어 성숙과 변화를 위한 새로운 기회를 만들어내는 능력을 키울 수 있습니다.

• 매일 자신의 몸에 감사하세요. 몸은 우리에게 삶을 경험하게 해주는 도구이기 때문입니다. 몸의 어떤 부분을 좋아하고 감사하게 생각합니까? 휴식과 운동, 영양 섭취, 기분 전환 등의 특별한 방법으로 몸을 보살피세요. 몸을 꾸미고 향수도 뿌려보세요. 아름다운 색의 옷으로 몸을 꾸며서 즐거움을 느껴보세요. 몸을 돌보는 것은 자신에 대한 긍정적 인식과 자존감을 높여줍니다.

• 일주일 동안 정직과 신뢰, 열린 마음과 존중과 연약함을 표현해보고, 이를 방해하는 것들이 무엇인지 관찰해봅시다. 이는 친밀함을 지속적으로 키우는 걸 방해하는 것이 무엇인지 알게 되는 매우 귀중한 정보가 됩니다. 몸의 지혜에 귀를 기울이면 친밀함을 배울 수 있습니다. 다양한 상황에서 우리의 몸이 특정한 사람들과 상황

과 관련하여 어떻게 긴장하고 편안함을 느끼는지 주의를 기울여 보길 바랍니다.

• 한 계절 동안 가족과 인간관계에 더 많은 친밀감과 아름다움, 관능과 사랑을 가져다주는 행동을 매일 해봅시다. 매일 사랑하는 사람들에게 진심으로 감사하는 마음을 전하는 습관을 들여봅니다. 그들에게서 무엇을 배웠으며, 언제 그들에게서 감동을 받았습니까? 내가 좋아하는 그들의 사소한 특징은 무엇입니까? 친구들과 동료들에게 감사하는 것은 무엇입니까? 그들에게 카드나 꽃을 보내거나 점심 식사에 초대해보십시오. 몰래 그들을 행복하게 해줄 무언가를 해봅시다.

점토의 색, 거기에는 약속의 따사로움이 있다.

_로빈 모건, 〈**가상의 어머니 회**The Network of the Imaginary Mother〉 중에서

흑백의 문

관계 : 사랑, 관용, 배신, 용서의 시련

그는 나를 제외시키는 원을 그렸다.
이단자, 반역자, 경멸의 대상이라고.
하지만 나에게는 사랑과 승리의 재치가 있었다.
우리는 그를 포용하는 원을 그렸다!

_ 에드윈 마크햄Edwin Markham, 〈아웃위티드Outwitted〉 중에서

사랑을 갈구하는 자들과

외로움에 우정을 갈구하는 모든 이들을 들일 수 있도록

이 집의 문을 넓혀주소서.

근심을 내려놓으려는 이, 감사를 표하려는 이,

희망을 키우려는 이들을 환대하게 하소서.

인색함과 자만과 시기와 적대감이 들어오지 못하도록

이 집의 문을 좁혀주소서.

어린아이의 작은 발이나 걸음이 불편한 자들이

이 집의 문턱에 걸려 넘어지지 않게 하소서.

안일함, 이기심, 가혹함이 문을 넘어서지 못하도록

문을 높이소서.

이 집에 들어오는 모든 이들에게

이 집이 풍요로움과 의미 있는 삶으로의 문이 되게 하소서.

_ 유대교 기도문

사랑은 교리가 아니요,

평화는 국제 협약이 아니다.

사랑과 평화는 우리 안에서

가능성으로 살아가는 존재들이다.

_ M.C. 리처즈M.C. Richards

흑백의 문은 이중문으로 되어 있습니다. 한쪽은 하얀색 손잡이가 있는 검은색 문이고 다른 한쪽은 검은색 손잡이가 있는 하얀색 문입니다. 문을 열면 양옆에 횃불이 타오르고 있습니다. 횃불은 온화하고 겸손해져야 한다고 말하는 듯이 사납게 타오릅니다.

이 문은 관계의 문으로 유일하게 두 사람 이상이 함께 지나가야 하는 문입니다. 이곳에서 스스로 만들어낸 고립을 극복하고 자신과 주변의 관계를 잠식했던 모든 냉소주의적 요인들을 몰아내야 합니다. 흑백의 문에서 관계는 영리함과 잘 보이고 싶은 욕망 속에 숨겨진 진정한 자신의 모습과 가짜 모습을 비추는 거울과 같습니다.

이 문에서 연인 사이, 부모와 자식, 동료와 친구들, 교사와 학생, 사장과 직원 등의 다양한 관계가 우리의 스승이 됩니다. 자신과의 관계, 자신의 영혼과의 관계도 마찬가지입니다. 다른 사람들과 함께 이 문을 통과하면서 우리는 충성과 배신, 용서와 관용에 대해서 배우게 됩니다. 더 나아가서 다양한 관계에서 나타나는 네 가지 사랑을 배우게 됩니다.

네 가지 사랑

서양의 전통에 따르면 네 가지 종류의 사랑이 있습니다.

- 에로스Eros : 교합, 창조, 출산의 욕구, 더 고양된 형태의 존재와 관계를 향한 충동
- 리비도Libido : 육체적 욕망, 성욕, 관능, 정욕
- 필리아Philia : 형제애 또는 자매애를 포함한 우정
- 아가페Agape : 선행의 마음 또는 거룩한 소망, 타인의 존중과 행복

을 위해 헌신하는 사랑

우리가 경험하는 진정한 사랑은 이 네 가지 사랑이 다양
하게 뒤섞여 있습니다. 달라이 라마Dalai Lama는 "사랑과 연민
은 사치품이 아니라 필수품이다. 사랑과 연민 없이 인류는
생존할 수 없다"고 말하며 어떻게든 사랑을 하나로 통합시
킬 것을 촉구했습니다.

흑백의 문에서 우리는 관계의 기술이라는 관점에서 우리의
행동을 검토하고 재평가합니다. 이 문은 자신과 친구, 동료,
가족을 비롯해 조직, 팀, 사회 등과 맺은 모든 관계를 직시하
도록 합니다.

여기서 우리는 인간 존재의 목적을 생각해보게 됩니다.
우리는 사랑을 배우고 창조하기 위해 태어난 기적의 종족
입니다. 모든 인간관계는 창의성과 사랑을 표현하는 우리의
능력 정도를 보여주는 거울과 같습니다.

흑백의 문은 우리가 다양한 형식으로 나타나는 사랑에 대
해서 무엇을 배우고 있는지, 무엇이 마음속의 사랑을 표현
하기 어렵게 하는지를 보여줍니다. 그리하여 우리를 감싸고
있던 두려움이나 자존심에서 벗어나기 시작합니다. 인생의
후반기에서 사랑의 본성을 표현하는 것이 우리의 영적 본성
으로 돌아오는 유일한 방법임을 깨닫게 됩니다.

더 충만한 사랑을 할 수 있도록 우리에게 시련을 주는 사
람들에게 감사해야 합니다. 이들은 관계에서 우리의 마음
이 언제 열리고 닫히는지, 언제 마음이 충만해지고 채워지

지 않는지, 언제 마음이 강해지고 약해지는지를 가르쳐주는 훌륭한 스승이기 때문입니다. 열린 마음은 신뢰와 호기심과 관대함을 품고 있지만 닫힌 마음은 분노와 해묵은 실망을 담고 있습니다.

그렇기 때문에 닫힌 마음은 용서와 관계를 개선해야 할 시기를 알려주게 됩니다. 충만하지 않은 마음 상태에서 하는 행동은 우리의 혼란스러운 감정과 부족한 열정을 보여줍니다. 이로 인해 불분명한 메시지로 불신과 오해가 생기게 됩니다. 하지만 마음이 충만할 때 우리는 명확하고 일관되고 신뢰할 수 있는 사람이 됩니다.

약한 마음은 다른 사람과 함께 강해질 용기나 정직하고 창의적인 방법으로 갈등에 맞설 용기가 부족합니다. 그래서 갈등을 피하려고 다른 사람들을 달래기에만 급급합니다. 반면 강한 마음은 용기와 진정성을 담아 창의적으로 문제를 해결하기 위해 기꺼이 갈등과 대면합니다.

이 문에서는 열린 마음, 충만한 마음, 맑고 강한 마음을 되찾고 무엇이, 누가 우리에게 닫힌 마음, 채워지지 않는 마음, 약한 마음을 가진 행동을 부추기는지 반드시 되짚어봐야 합니다.

흑백의 문에서 우리는 사랑에 대해 알고 있는 모든 것을 탐구합니다. 그런 가운데 다음 세대에게 물려주고 싶은 사랑의 지식을 발견하게 됩니다. 인생의 후반기에는 특히 다른 사람들에게 해를 끼쳤거나 배신했던 일이 있다면 이를 개선하고 원한과 실망, 분노와 복수에 대한 욕망을 버려야 합니다. 이 문은 경로를 수정하고 상실을 수용하고 관계 개선을 위한 준비에 참여하는 과정이기도 합니다.

흑백의 문은 지혜로운 사랑을 표현하는 성숙한 마음으로 발전시켜 나가라고 합니다. 우리는 사랑의 열병을 만나고 이를 발산하지만, 이 열병은 비현실적이고 지속할 수 없는 이상에 대한 강박적인 추구일 뿐이라는 사실을 인식해야 합니다. 그러고 나면 다음과 같은 질문을 던지게 됩니다. 우리는 어떻게 여전히 사랑과 열병을 혼동하고 있습니까? 미성숙한 사랑을 포기하지도 못하고 성숙한 사랑을 온전히 표현하지도 못하게 하는 것은 무엇입니까? 관계를 맺기보다 의도적으로 스스로를 고립시키는 때는 언제입니까? 우리들 마음의 스승은 누구입니까? 우리는 사랑에 대해 무엇을 배우고 있습니까? 우리는 사랑에 대해 무엇을 알고 있습니까?

많은 전통 문화에서 다른 사람과 뜻깊은 관계를 맺는 것 자체가 우리가 수행할 수 있는 가장 엄격한 정신적 실천이라고 가르칩니다. 인간관계에서는 받아들이기 쉬운 본성과 어려운 본성 모두에 직면합니다. 이를 통해 우리는 다른 사람을 사랑하고 용서하고 존중하는 능력을 배웁니다.

흑백의 문에서는 긍정적인 그림자와 부정적인 그림자를 모두 마주하게 됩니다. 긍정적인 그림자는 아직은 완전히 보여지지 않은 긍정적인 부분과 재능으로 이루어져 있습니다. 부정적인 그림자는 스스로 부정적으로 판단하거나 인정하려 하지 않는 모습으로 이루어져 있습니다. 받아들이기 꺼려 하는 자신의 긍정적인 면과 부정적인 면은 무엇입니까? 다른 사람의 닮고 싶은 긍정적이 면이나 없었으면 하는 부정적인 면은 무엇입니까?

나이가 들면 이 부정과 긍정의 두 그림자 모두를 받아들여야 합니다. 칼 융은 모든 관계는 우리 안에 내재된 밝은 면과 어두운 면을 서로에게 보여주고 배움과 실천의 선물을 비춰주는 시련의 도가니라고 말했습니다. 그는 또《기억 꿈

사상》에서 "그림자를 지닌 사람을 마주하는 것은 그 사람에게 빛을 보여주는 것"이라고 했습니다. 이처럼 서로 관계를 맺는 것은 서로에게 빛을 비춰줄 수 있는 기회를 부여하는 것입니다.

인생의 후반기는 관계에 따라 달리 사랑해야 합니다. 이 사랑은 다른 사람을 통제하거나 소유해서는 안 되고, 자신이 통제되거나 소유되는 것도 허락해서는 안 됩니다.

작가 마지 피어시Marge Percy는 시 〈속박 없는 소유To Have Without Holding〉에서 이런 사랑을 이렇게 이야기합니다.

다르게 사랑하는 법을 배우는 건 어렵습니다.

손을 활짝 편 채 사랑하고

경첩에서 문이 요동치고

찬장 문이 열리고

방 안에서 소리치고 우는 바람에 침대 시트가 바스락거리고

손바닥 위에 고무줄이 튕기듯

창문 블라인드를 때리는 가운데

사랑하는.

흑백의 문은 어떠한 가식이나 불순한 의도 없이 사랑하는 법을 알려줍니다. 상대를 속박하지도 자기를 방어하지도 않는 진정한 감정에서 자라나는 사랑은 서로의 자유와 성장의 버팀목이 되어 성숙한 사랑으로 가는 문을 활짝 열어줍니다.

감사의
힘

    정신의학자 로저 월시_{Roger Walsh}는 자신의 저서 《7가지 행복 명상법_{Essential Spirituality}》을 통해 세계의 주요 종교들에서 성숙한 사랑과 현명한 마음을 어떻게 발전시켰는지 세 가지 방법을 소개하고 있습니다. 첫째, 두려움이나 분노와 같은 감정을 줄이는 태도와 습관을 기르는 것, 둘째, 감사와 관용과 같은 사랑을 키워주는 품성을 기르는 것, 셋째, 사랑 자체를 키우는 것입니다. 우리는 마음에서 우러나는 감사와 존중, 확신과 인식을 통해서 사랑을 키워나간다는 사실을 배웁니다.

    사랑을 표현하는 가장 강력한 방법은 감사입니다. 감사를 전하면 서로의 마음이 열립니다. 닫힌 마음에서 감사하는 마음이 생길 수는 없습니다. 이러한 감사의 습관을 통해 우리는 계속 배우고 성장하고 관대할 수 있습니다.

    또한 감사를 전하면 분노와 오만, 질투와 같은 부정적인 감정이 그 안에서 녹아들고, 두려움과 방어적 태도도 사라집니다. 감사는 사랑을 방해하는 마음의 장벽을 낮추고 행복을 불러와 그 자체만으로도 우리를 강력하게 치유하는 유익한 감정입니다. 또 관계 속에서 배신과 상실, 깨어진 약속, 기만과 실망감을 느낄 때 용서라는 어려운 일을 가능하게 하는 토대를 마련합니다. 감사는 우리에게 의미 있는 것을 지속시키고 사과하고 용서하는 우리의 역량을 한껏 끌어올립니다.

사랑 속에서 감사가 자라날수록 관용과 선의가 나올 수 있습니다. 페르시아 시인 루미 Rumi 는 사랑의 위대한 원천을 마음에 자리하는 불로 묘사했습니다.

사랑은 한 번 불이 붙으면 모든 것을 태우는 불꽃입니다.
오직 신비로움과 여정만이 남습니다.

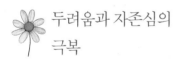 두려움과 자존심의
극복

관계 속에서 사랑을 표현하지 못하도록 방해하는 가장

큰 장애물은 두려움과 자존심입니다. 흑백의 문은 이들을 극복할 기회를 줍니다.

두려움은 우리의 에너지를 억제해 아무것도 할 수 없게 합니다. 두려움은 대부분 마음에서 기인해 겉으로 표면화되지 않고 실체도 없습니다. 인간이 직면하는 원초적인 두려움에는 두 가지가 있습니다.

하나는 상실이나 버려지는 것에 대한 두려움이고, 다른 하나는 억압되거나 갇히는 것에 대한 두려움입니다. 상실을 두려워하면 애정을 갈구하면서 다른 사람들을 통제하고 억압하려 합니다. 갇히는 것을 두려워하면 자신과 다른 사람들을 포기해버리고, 적절한 한계를 설정하는 자신의 능력을 불신해 반항적이거나 독단적이 될 수 있습니다. 공포에 질리면 한꺼번에 이 두 가지 두려움에 사로잡힐 수 있습니다. 이러한 두려움과 자존심을 이겨내기 위해서는 용기와 자기 확신이 필요합니다.

건강한 자존심은 성취감을 바탕으로 한 만족감에서 생깁니다. 실수를 거울삼아 탁월한 결과를 이끌어낼 때 빛을 발합니다. 예를 들어, 운동 선수들은 수많은 시행착오 속에서 끊임없이 연습하는 가운데 힘과 민첩성과 유연성 등을 발전시킵니다. 그들은 무엇이 효과가 있는지 없는지를 배우고, 연습을 통해 더 발전합니다.

이러한 성취 과정에서 보이는 건강한 자존심은 규율과 행동에 매진하는 데서 비롯됩니다. 그들은 진심으로 사랑하는 종목에서 다양한 기술을 누구보다 뛰어난 기량을 펼치고자 노력합니다.

자만심은 오만함과 특권의식, 실수를 인정하지 않으려는 태도, 완벽에 대한 집착 등으로 나타납니다. 이런 종류의 자만심은 낮은 자존감과 과시욕, 강한 자기 검열 또는 비판에서 비롯됩니다. 자만심을 버려야 자연스럽고 균형 잡힌 자신감을 가진 상태로 돌아갈 수 있습니다.

두려움과 자존심은 마음의 문을 닫고 방어와 공격과 교묘한 술수를 전략으로 삼게 됩니다. 이러한 전략적 행동은 분노와 초조함, 편협함을 가져와 다른 사람들에게 해를 끼칩니다. 흑백의 문은 인생의 후반기를 사는 우리에게 인내심과 아량, 연민을 더 많이 표현하라고 합니다. 이런 능력을 키우면 두려움과 자만심을 극복하고 비로소 우리는 감사의 실천과 함께 용서를 위한 근거를 마련할 수 있습니다.

 용서의
힘

흑백의 문은 감사와 관용, 진심 어린 용서의 마음을 갖게 하는 성격으로 변화시킬 수 있습니다. 용서는 자신과 다른 사람을 치유하고 더 큰 사랑과 너그러움을 북돋아줍니다. 인생의 후반기에는 세 가지 방식으로 용서해야 합니다.

• 타인으로부터 인정받기 위해 스스로를 기만하거나 포기하는 자기 자신을 용서합니다.

• 우리로 인해 상처받은 사람들에게 용서를 구합니다. 그들에게 보상하고 실수를 반복하지 않겠다는 약속을 해야 합니다.

• 우리에게 상처를 준 사람들을 용서합니다. 그들에게 과거의 상처와 분노, 실망과 배신을 기꺼운 마음으로 잊으려는 우리의 의지를 보여줍니다.

용서는 진심 어린 사과에 더하여 보상하고 시정하고 화해의 행동을 행할 때 비로소 시작됩니다. 진심 어린 사과는 두려움과 화를 잠재우고, 분노를 불식시키며 관용과 용서의 문을 열 수 있습니다. 이것이 잘못을 바로잡는 첫 번째 단계로서 사람 간의 관계에서 자신으로 인해 생긴 오해나 긴장 또는 해를 주었던 부분에 대한 후회나 참회를 보여주는 회개의 행동입니다.

후회와 참회 사이에는 큰 차이가 있습니다. 후회는 자신이 상처를 주었고, 그것을 바로잡는 것도 자신의 책임이라는 것을 인지하는 것입니다. 이 책임을 떠안지 않으면 우리는 죄책감과 부끄러움을 느낍니다. 후회에 함몰되면 그 안에 갇혀 보상할 수 없게 됩니다. 참회는 내가 누군가에게 상처를 주었다는 사실에 대한 확실한 인식입니다. 그래서 이 사실에 슬퍼해 즉시 보상의 행동을 취하게 됩니다.

참회를 통해 과거의 경험을 거울삼아 행동을 변화시켜 잘못을 반복하지 않겠다고 다짐합니다. 과오를 바로잡기 위한 행동을 함으로써 죄책감과 부끄러움을 없애고 내재해 있던 겸손과 성실의 본능을 되찾을 수 있습니다.

용서는 억지로 되는 건 아니지만 연습을 통해 실천할 수 있습니다. 유대교 랍비 잘만 샤흐터 샬로미Zalman Schachter-Shalomi은 자신의 책《노화의 여정에서 현자의 길로From Age-ing to Sageing》에서 나오는 용서의 기도를 통해 일상에서 용서를 실천할 수 있는 방법을 제시하고 있습니다. '간청'이란 단어의 원래 의미를 그대로 살린 기도입니다. 이 기도는 우리에게 각성할 것을 요청합니다.

영원한 친구여, 저를 해히고 화나게 했던 모든 사람을 용서합니다. 제 육신과 재산과 명성, 그리고 제가 사랑하는 사람들에게 해를 입힌 모든 사람을 용서합니다. 우발적이든 계획적이든 고의적이든 모두 용서합니다. 그들의 말과 행동, 생각과 태도 모두 용서합니다. 현세와 내세 모두 그들을 용서합니다. 저는 모든 사람을 용서합니다. 저로 인해 그 누구도 벌을 받지 않게 하소서.

다른 사람들을 용서하는 기도를 마친 후에도 기도는 계속됩니다.

영원한 친구여, 사려 깊은 사람이 되게 하시고 당신이 보시기에 악한 일을 행하지 않도록 도와주소서. 당신의 크나큰 선의 안에서 제 모든 죄를 드러나지 않게 해주시고, 고통이나 괴로운 병에 들지 않게 해주시옵소서. 저를 보호하고 자유롭게 하시는 영원한 친구여, 제 입에서 나오는 말과 제 마음의 묵상이 당신 앞에 허락을 바라옵니다.

용서와 보상은 흑백의 문의 주요 도전이자 궁극의 과제입니다. 용서와 보상이 없다면 우리는 강해질 수도, 마음을 열거나 충만해질 수도, 깨끗해질 수도 없습니다. 이 중요한 치유 작업이 끝날 때까지 사랑은 완전히 자유롭거나 표현될 수도 없습니다.

미국의 소설가 손턴 와일더 Thornton Wilder 는 《산 루이스 레이의 다리 The Bridge of San Luis Rey》에서 이렇게 썼습니다.

산 자의 땅과 죽은 자의 땅을 연결하는 다리는 사랑이다. 사랑은 유일한 생존자이자 유일한 의미다.

선물

미국의 가톨릭 평화주의자이자 작가인 도로시 데이_{Dorothy Day}는 전 세계적으로 신앙에 기반한 사회적·정치적 변혁 운동에 영감을 준 시민운동가였습니다. 지혜롭고 너그러우며 용기 있는 인물로도 유명했던 그녀는 자신이 발행한 신문 〈가톨릭 노동자_{Catholic Walker}〉에서 일생의 과업의 본질을 이렇게 표현했습니다.

> 사람은 마음 깊이 사랑을 갈구하고 특히 사랑할 이들을 빼앗긴 사람에게는 더욱 절실합니다. 실로, 사랑이 첫 번째 계명이며 서로 사랑함으로써 하느님에 대한 우리의 사랑을 보여줄 수 있습니다. 사랑을 아무리 강조해도 지나치지 않은 이유는 바로 이 때문입니다.

흑백의 문에서 두려움과 자만심을 극복한다면 풍부한 지혜의 선물을 받게 될 것입니다. 인내와 관용과 연민은 우리가 두려움과 자존심을 극복했다는 표시고, 분노와 오만도 줄어듭니다. 지혜의 실천이라 할 수 있는 감사와 용서는 너그러운 마음을 갖게 하고 치유의 문을 열어줍니다. 그리고

회개와 보상, 연민과 자비를 통해 관계를 회복하고 사랑과
관용을 표현할 수 있게 됩니다.

성찰

세계적인 불교학자이자 서양의 대표적인 명상 지도자인 잭 콘필드Jack Kornfield의《화해를 위한 기도Prayer for Reconciliation》에 나오는 기도문을 매일 읽고 성찰하기를 바랍니다. 매일 하루 일과를 마치고 크고 작은 변화가 있었는지 생각해봅니다.

모든 어머니와 아들들이 화해하기를.

모든 어머니와 딸들이 화해하기를.

모든 아버지와 아들들이 화해하기를.

모든 아버지와 딸들이 화해하기를.

모든 형제들과 자매들이 화해하기를.

모든 남편들과 아내들이 화해하기를.

모든 연인들이 화해하기를.

모든 가족들이 화해하기를.

모든 고용주들과 직원들이 화해하기를.

모든 사회 구성원들이 화해하기를.

모든 친구들이 화해하기를.

모든 여성들이 화해하기를.

모든 남성들이 화해하기를.

모든 남성들과 여성들이 화해하기를.

모든 종교들이 화해하기를.

모든 인종들이 화해하기를.

모든 나라들이 화해하기를.

모든 사람들이 화해하기를.

모든 생명체가 화해하기를.

모든 존재들이 화해하기를 바랍니다.

다음 질문들에 대해서 생각해봅시다.

- 우리의 삶에서 용서와 보상과 화해가 필요한 곳은 어디입니까?

- 진정한 사과의 힘을 이용해 화해하려는 사람은 누구입니까? 잘못된 관계에서 고쳐야 할 점은 무엇입니까?

- 현재 나에게 필요한 용서는 무엇입니까?

- 남들에게 어떤 해를 끼쳤으며, 그것을 어떻게 바로 잡을 수 있습니까?

- 남들은 나에게 어떤 용서를 구합니까?

- 인간관계에서 일과 창의성 중 어떤 것에서 두려움과 자만심으로

어려움을 겪고 있습니까?

우리가 감사히 여기는 관계를 매일 생각해봅시다. 그리고 관용과 감사의 행위를 낯선 사람, 지인 또는 사랑하는 사람에게까지 확장시켜봅시다.

본성의 상반되는 자질들을 책임감 있고 균형 있게 조화롭게 유지할 수 있다면 인격과 인간관계의 기술을 향상시킬 수 있습니다. 예를 들어, 과도하게 의존적이지 않으면서 헌신적으로 관계를 유지하고, 자유로우면서도 무책임하거나 태만하지 않는다면 인격을 발전시킬 수 있는 능력을 펼칠 수 있고, 모든 관계에 더 효과적으로 대처할 수 있습니다.

우리 내면에 있는 부정적 그림자와 긍정적 그림자는 자신이 싫어하면서도 가끔은 다른 사람들에게 투영하는 성품과 아직은 갖추지 못한 자신의 바람직한 성품을 나타냅니다. 이런 그림자를 바르게 하려면 다른 사람들에게서 발견되는 성품을 우리도 이미 가지고 있다는 것을 인지해야 합니다. 이러한 모든 성품들이 한데 합쳐져야 빛을 발할 수 있습니다. 이 성품들을 발달시키면 친숙한 관계를 맺는 새로운 방법을 발견할 수 있습니다.

임상심리학자 데이비드 리코David Richo의 표를 보면서 20일 동안 매일 한 줄씩 실천해봅시다. 두 가지 측면을 동시에 유지하는 데 가장 방해가 되는 요소인 두려움이나 자만심이 언제 나타나나요? 떠오르는 즉시 통찰을 글로 적어봅시다.

그림자와 친해지기

유지할 것		병행할 것
자유로움	1	관계에 헌신
상대에 대한 사랑	2	회내기
높은 자긍심	3	결점 인식
존중과 협력	4	생각이나 계획에 이의 제기
확고한 확신	5	상대의 생각에 동의
확고한 믿음	6	존중과 양보
불필요한 일에 신경 쓰지 않기	7	신념 체계에서 유용한 부분 지키기
직업이나 취미에 열중	8	부모나 배우자 역할에 충실
어떤 행동을 한 사람 걱정하기	9	그 행동에 대한 거부감 표현
자기 돌봄	10	관대함 유지
이성적이고 명석함	11	풍부한 감성
상대방의 결점 인식	12	상대방을 자랑스러워하기
나 자신을 위한 시간 갖기	13	다른 사람을 위한 시간 할애
내 기준에 진지하게 따르기	14	융통성 있는 태도

모든 발자국에는

인생의 신비로운 여정이 담긴 이야기와 추억들이 서려 있다.

_ 작자미상

전원의 문

창조력, 봉사, 생산성

영혼이 손과 함께 일하지 않는 곳에 예술도 없다.

_ 레오나르도 다빈치

아름다움 속에 걷게 하소서.

온종일 걷게 하소서.

돌아오는 계절을 지나 걷게 하소서.

꽃가루로 덮인 오솔길을 걷게 하소서.

발치에 뛰노는 베짱이와 함께 걷게 하소서.

주변의 이슬과 함께 걷게 하소서.

아름다움과 함께 걷게 하소서.

내 앞의 아름다움과 함께 걷게 하소서.

내 뒤의 아름다움과 함께 걷게 하소서.

내 위의 아름다움과 함께 걷게 하소서.

내 아래의 아름다움과 함께 걷게 하소서.

주변의 모든 아름다움과 함께 걷게 하소서.

오랜 세월 후에도 아름다움의 오솔길 위를
활기차게 걷게 하소서.

오랜 세월 후에도 아름다움의 오솔길 위를
다시 살아서 걷게 하소서.

아름다움 속에 생을 마감하기를.

아름다움 속에 생을 마감하기를.

_ 나바호 인디언들의 축도

늙어도 결실하며 진액이 풍족하고 빛이 청정하니….

_〈시편〉 92장 14절

전원의 문은 세월에 풍화된 나무로 만들어졌으며 자연에서 찾아볼 수 있는 독특한 메아리 문양이 새겨져 있습니다. 이 문은 높은 산으로 둘러싸인 넓고 푸른 초원으로 연결됩니다. 초원 한가운데에는 창조의 불이 타고 있는데, 신기하게도 이 불은 땔감이 필요 없습니다.

한 요정이 불 가까이에 있는 바위에 앉아 있습니다. 그는 손가락을 흔들며 이렇게 말합니다.

창조의 불을 꺼지지 않게 해야 하네. 그리고 일생의 꿈을 여기에 남겨두고 가야 해. 그렇지 않으면 이곳에서 절대 빠져나가지 못할 것이네.

우리는 전원의 문에서 의미 있는 일과 봉사, 창조의 영역을 탐구합니다. 이 영역과 우리들의 연관성을 재검토해보고 우리 삶의 소명을 재평가하게 될 것입니다. 우리는 다른 사람들에게 봉사하거나 의미 있는 유산을 남길 수 있는 일을 하고 있는지, 그렇지 못하다면 그 이유는 무엇인지, 그리고 이 세상에 기여하고 싶은 것은 무엇인지 생각해봐야 합니다. 그리하여 일과 봉사에 대한 우리의 관심과 열정을 이 문에서 재발견하게 됩니다.

시인 루미는 "우리가 사랑하는 아름다움이 일에도 깃들게 하라"고 말했습니다. 이런 재발견이 없다면 우리는 우울해지고 낙담하고 절망에 빠지게 될 것입니다.

과 제

전원의 문은 생산성의 문입니다. 생산한다는 것은 우리와 다른 사람들에게 의미 있고 희망적이며 지속 가능한 무언가를 시작하고 영감을 주고 만들어낸다는 의미입니다. 우리는 이 생산성을 가지고 조력자나 조언자가 됩니다. 이 문에서 우리의 지혜와 경험과 열정을 나누며 가족과 사회에 유산을 남겨야 합니다.

뇌신경학자 진 코헨Gene Cohen은 자신의 저서 《창조적으로 나이들기Creative Age》에서 귀감이 되는 사람들을 소개했는데, 이들은 야망보다는 의미가 있는 일에 동기부여가 되었기 때문에 50세 이후에도 창조력을 발휘하며 사회에 기여할 수 있었다고 말합니다. 스페인 바스크의 극작가 호세 에이자기레Jose Echegaray y Eizaguirre도 그 가운데 한 사람입니다. 그는 수학 교사로 사회에 첫발을 내딛었지만 나중에 진정한 적성을 글쓰기에서 찾았습니다. 수많은 희곡으로 문학적 명성을 얻은 그는 71세의 나이에 노벨문학상을 수상하면서 기쁨과 경이로움을 경험했습니다.

1970년대에 노인 권익 신장을 위한 단체인 '그레이 팬서

Gray Panthers'를 설립한 매기 쿤Maggie Kuhn은 당시 미국의 65세 정년에 분노했습니다. 노인들이 느끼는 두려움과 노령에 대한 두려움을 끝내야 한다고 생각했습니다. 활력과 창의력을 유지하는 것은 나이와 상관없이 언제나 중요한 일이라고 믿었기 때문이지요. 《불로의 정신The Ageless Spirit》에서 그녀는 이렇게 말합니다.

> 창조와 그로 인한 기쁨은 또 다른 새로운 아이디어로 더 강화된다. 우리는 새로운 날, 새로운 미래, 새로운 기회에 마음을 열고 있어야 한다. 미래와 기회는 언제나 그 자리에 있어서 우리는 그 미래와 기회를 볼 준비가 되어 있어야 한다.

여러 연구에 따르면 노년에 창조성을 발달시키면 다음과 같은 장점이 있습니다.

• 창의력은 노년기에 사기를 높여줍니다.
• 나이가 들어갈수록 신체 건강에 좋습니다.
• 인간관계를 풍성하게 해줍니다.
• 후세에게 물려줄 수 있는 우리의 가장 위대한 유산입니다.

전원의 문은 우리의 건강과 행복을 유지하는 창조의 불을 계속 유지하라고 합니다. 이 불은 의미와 생산성에 근간을 두어야 하는데 특히 50세 이후에 더욱 그렇습니다.

미국 포틀랜드에 사는 104세의 마리 노울즈Marie Knowles 여사는 고정적이고 방해되거나 해결되지 않은 일에 반대한다는 철학을 가지고 있습니다. 그녀는 "인생에서 좋은 것들을 고르세요. 선택할 것이 없으면 자신의 머릿속에서 찾아야 합니다"라고 말합니다.

코헨 박사는 나이가 들면서 의미 있는 일을 하지 않으면 세 가지 장애물에 봉착한다고 말합니다. 고정된 심리적 패턴, 틀에 박힌 사고방식, 해결되지 않은 가족과 사회적 상황이 그것입니다. 이들은 창조력 표출을 가로막고 우울증에 빠지게 합니다. 전원의 문에서는 이런 장애물을 식별하고 극복해야 합니다. 이 과정을 잘 이겨내면 억압되었던 창조력이 자유를 얻어 우리의 일과 관계와 봉사에 사용할 수 있게 됩니다.

전원의 문에서는 우리의 일을 정직하게 검토하고 창의적인 열정이 어디에서 나오는지 알아야 합니다. 그리고 우리의 시간과 에너지를 어떻게 소비했는지 생각해봐야 합니다.

우리 삶의 어떤 부분에서 창조의 불과 다시 연결해야 할 필요성을 느끼고 있습니까? 지금까지 살면서 완수한 계획들은 얼마나 됩니까? 또 아직 끝내지 못한 일은 무엇입니까? 우리가 살고 있는 세계와 사회, 그리고 가족을 위해 어떤 공헌을 했습니까? 후세에 전하지 못하면 영원히 사라져버릴 경험과 지혜는 무엇입니까? 자신의 에너지를 어떤 의미 있는 일에 사용하고 있습니까? 우리가 창조한 것으로 이 세상을 아름답게 하는 것은 무엇입니까?

전원의 문에서 우리는 창조와 생산성의 주요 원천인 아름다움을 유지해야 합니다. 아름다움은 영혼을 살찌우고, 영혼은 창조의 불을 타오르게 합니다. 중세 종교 철학자 토마스 아퀴나스Thomas Aquinas는 아름다움을 창조하기 위해서는 완전성integritas, 조화consonantia, 명료성claritas 이 세 가지가 필요하다고 했습니다.

일본의 화가 가츠시카 호쿠사이葛飾 北斎는 후지산의 아름다움과 장엄함에 대한 사랑이 지속적으로 자신에게 영감을 주기 때문에 나이가 들수록 그의 예술과 창조력과 행복이 향상된다고 믿었습니다. 호쿠사이의 최대 걸작인 〈후지산 36경〉은 그가 66세에서 76세 사이에 그린 채색판화 작품입니다. 호쿠사이는 후지산 판화에 숭고한 아름다움의 세 가지 요소인 완전성과 조화와 명료성을 모두 담아냈습니다. 가장 위대한 후기 인상파의 화가로 손꼽히는 폴 세잔느Paul Cezanne도 자연의 아름다움에 영감을 받았습니다. 그는 아름다움의 옹호자로서 "예술은 자연과의 평행한 조화다"라고 말했습니다.

인생의 후반기에서 창조력, 생산의 에너지, 뜻깊은 봉사는 지속 가능하고 총체적이고 조화롭고 영혼을 깊이 만족시키는 일에 공헌해야 합니다. 캐나다의 화가 에밀리 카르Emily Carr는 창조에 있어 삶의 궁극적인 도전은 노화와 죽음을 직시하고 예술에 대한 사랑을 후대에 전달하는 것이라고 말했습니다. 그녀는 젊은 예술가들의 경쟁자가 아니라 본보기가 되고 싶었던 것입니다. 경쟁하고 비교하고 이기심에 굴복하고 싶지 않았습니다. 또 노년에 에너지와 힘을 가능한 한 오래 유지하면서 경험과 기술, 지혜의 유산을 남기는 것을 정신적 과제로 삼았습니다. 그 결과 카르는《수백 그리고 수천 : 한 예술가의 일기 Hundreds and Thousands: The Journals of an Artist》를 후세에 남겼습니다. 그녀는 "영성이 없는 노년은 끔찍한 시련이 될 것"이라고 단호하게 말했습니다. 노년에 이른 그녀는 자연으로 돌아가 마음의 위로를 받으며 숲에서 스케치하는 것을 즐겼습니다. 또 열정적인 생산성으로 젊은 예술가들을 이끌었습니다.

테레사 수녀Mother Teresa 역시 창조적이고 충만한 삶을 살았던 훌륭한 본보기입니다. 그녀는 87세로 세상을 마감하기까지 20년 동안 아프고 가난한 사람들과 죽어가는 사람들을 돌보는 헌신적인 삶을 보냈습니다. 그녀의 하루하루는 진정한 봉사는 깊은 믿음과 침묵과 사랑에서 나온다는 철학을 보여주는 본보기였습니다. 그녀의 삶 자체가 곧 메시지였던 것입니다.

전원의 문에서의 궁극적인 과제는 이와 같습니다. 의미 있는 창조와 생산, 그리고 봉사를 통해 우리의 삶이 메시지가 될 수 있도록 하라고 합니다.

페루 출신의 미국 문화인류학자인 카를로스 카스타네다 Carlos Castaneda 는 《시간의 수레바퀴 The Wheel of Time》에서 "젊어서 활력이 넘치는 것은 당연한 일이다. 나이가 들어서도 활력을 유지하는 것은 마법과 같은 일이다"라고 했습니다. 어떻게 하면 나이가 들어도 활력을 유지하고 보존할 수 있을까요?

전원의 문에서 자신의 타고난 생산 에너지에 접근하는 법을 배울 수 있습니다. 낙심, 절망, 권태, 외로움, 무관심과 같은 감정은 우리의 생산적 에너지가 차단되었다는 신호일 수도 있습니다. 이런 감정들은 마음을 죽이고 무기력한 상태로 떨어뜨립니다. 철학자 토마스 아퀴나스는 무기력을 새로운 것을 찾는 힘이 부족한 상태로 정의했습니다. 또한 수녀 힐데가르드 본 빙엔 Hildegard von Bingen 은 냉담함과 무관심으로 인해 영혼이 약해질 때 무기력의 영향을 강하게 받는다는 사실을 깨달았다고 합니다. 체코의 대통령이었던 바클라프 하벨 Vaclav Havel 은 《마음의 계절 Seasons of the Heart》에서 삶을 대하는 태도에 관한 질문에 대해 "모든 것이 좋게 끝날지 확신할 수 없기 때문에 나는 낙천주의자는 아닙니다. 그렇다고 비관론자도 아닙니다. 모든 것이 나쁘게 끝날 것이라고 확신하지도 않기 때문이지요. 그저 희망을 가슴에 품고 있을 뿐입니다"라고 말했습니다. 그렇습니다. 기쁨과 희망과 가능성이 무기력을 내몰고 생산성을 불타오르게 할 수 있습니다.

세계적인 영성가 매튜 폭스Mathew Fox는 자신의 저서 《영혼의 죄악, 육체의 축복Sins of the Spirit, Blessing of the Flesh》을 통해 우리 시대의 치명적인 죄를 규명하는 데 중요한 역할을 했습니다. 그는 열정 부족, 에너지 낭비, 그릇된 사랑, 스스로 초래한 고립 등 많은 창조성을 가로막는 커다란 장벽들이 무기력의 연장선상에 있다고 말했습니다.

정신분석학자 에릭 에릭슨Erik Erikson은 인간 본성의 발달 모델에서 노년에는 생산성과 진정성을 표현해야 하고, 그렇지 않으면 정체되고 절망에 빠질 것이라고 경고했습니다. 에릭슨은 이런 상태를 연관성과 관계, 정신적 태도, 육체적 이미지, 직업 등의 관점에서 연구했습니다.

성인 / 성숙한 인격

생산성 / 진정성		정체 / 절망
에너지, 동기, 정신적 성장, 의미와 진정성에 부합하는 이타적이고 창조적인 행위를 통한 후세대의 확립	**연관성**	권태감, 정신적 쇠퇴, 자기중심적, 자아도취적인 자기 방종
성장, 이타적, 기부, 공동체의 삶에 관여	**관계**	퇴행, 이기주의
개방성, 융통성, 성장, 창조성	**정신**	폐쇄성, 엄격함, 집착
현실적인 신체상, 균형	**육체**	비현실적인 신체상, 불균형
자신의 효용성에 대한 믿음, 지속적인 탐구와 연구 의식, 자신과 타인에 대한 일상의 기여, 생산성, 인격 발달	**직업**	환멸감, 권태감, 타인에 대한 기여감 결여, 정체, 기억력 감퇴

네 개의 강

많은 전통 사회에서 영감, 도전, 경이, 사랑을 인생의 네 가지 강이라 간주하며 우리를 지탱하고 큰 선물을 주는 존재라 믿어왔습니다. 또한 우리가 이 강들과 유대감을 갖지 못하면 살아있어도 죽은 것과 다름없는 삶에 굴복하게 되며 영혼의 상실과 좌절, 정체와 무기력의 징후를 경험하기 시작한다고 믿습니다.

영감의 강은 우리가 창조의 불과 일생의 꿈이 맞닿은 곳을 보여줍니다. 발전이나 희망을 경험하거나 고양감을 느낄 때마다 우리는 창조의 한가운데에 있는 것입니다. 우리가 영감을 계속 받는 한 살아있다는 것을 인지하고, 살아도 죽은 것과 다름없는 삶을 거부하게 됩니다.

도전의 강은 알고 있는 익숙한 것을 넘어서 영역을 확장하고 성장할 것을 요구합니다. 그리하여 우리에게 편안한 장소를 떠나 미지의 창조적인 영역이나 관심사를 탐구하라고 하는 사람이 누구인지 알게 됩니다. 이 강은 자신이 할 수 있는 일에 한계를 두지 말라고 합니다. 기꺼이 도전을 받아들이고 다시 한번 탐험가가 된다면 우리의 삶에 무기력이 끼어들 수 없을 것입니다.

경이의 강은 우리를 융통성 있고 유연하게 해주면서 우리가 생각하지 못했던 선택과 가능성에 대해 열린 마음을 가지도록 합니다. 이누이트족은 이에 관해 다음과 같은 격언을 가지고 있습니다.

매일 두 가지 계획이 있는데 하나는 나의 계획이고, 다른 하나는 신비의 계획이다.

이 강은 충분히 생각해서 떠오른 것에 대해 관심을 보이고 융통성을 발휘하고 신뢰하기보다는 경직되거나 통제를 하게 되는 지점을 보여줍니다. 경이의 강은 우리의 집착으로 인해 창조력과 생산성의 자연스러운 흐름이 억눌리는 곳이 어디인지를 보여줍니다.

사랑의 강은 인생의 어떤 경험에서 우리가 감동받는지를 보여줍니다. 특히 일에서 이런 감동이 없다면 무기력이 나타나 우리의 마음이 닫히기 시작한다는 사실을 우리는 알고 있습니다. 유머와 기쁨, 웃음과 사랑은 마음을 치료하는 약

입니다. 이 강은 사랑하는 일과 봉사가 우리를 행복하게 할
수 있다는 것을 보여줍니다.

시인 칼릴 지브란Kahlil Gibran은 "봉사는 눈으로 볼 수 있는
사랑"이라고 말하며 봉사의 가치를 강조했습니다.

어떻게 우리의 생산 에너지를 이용해 네 개의 강과 계속
연결될 수 있을까요? 이 해답을 찾는 것이 우리가 전원의 문
에서 해야 할 도전입니다.

선물

전원의 문에서 주는 지혜의 선물은 생산성입니다. 생산성이
란 신실하게 행해지는 뜻깊은 이타적 행위에 참여함으로써
다음 세대를 인도하는 능력을 말합니다.

스페인 바스크 철학자 미구엘 데 우나무노Miguel de Unamuno
는 세상을 떠난 후에도 사람들의 가슴속에 남아있는 유산의
잠재력에 대해 이렇게 말했습니다.

> 우리의 위대한 노력이 우리를 대체 불가한 존재로 만들어준다. 죽
> 으면 그 공백을 아무도 채울 수 없다.

이처럼 사심 없이 창조적으로 지역사회의 삶과 봉사에 참
여하는 것이 바로 전원의 문이 주는 선물입니다. 우리가 뿌
린 것을 수확하고 우리의 공헌을 성찰하며 우리 안에서 또
어떤 것이 표현되기를 열망하는지 곰곰이 생각합니다.

생산성은 인생의 후반기를 사는 우리에게 새로운 의미와
목적을 부여합니다. 우리는 완전한 창조성을 방해하는 고정
된 심리적 패턴, 틀에 박힌 사고방식, 해결되지 않은 가족과

사회적 상황 등 이 세 가지 장애물로부터 해방됩니다. 그래서 헌신과 충직한 마음을 네 개의 강에 오롯이 쏟아부어야 합니다. 그리하면 우리의 행위는 집중되고 진실로 중요한 것을 위해 창조적으로 공수할 수 있게 될 것입니다.

성찰

창조적인 활동을 하기 전에 반드시 창조적인 생각들이 세상에 온전히 나올 수 있도록 성찰하고 숙고하는 시간을 가져야 합니다. 이 준비는 내면의 과정이 될 수도 있고 글쓰기나 기록, 그림 또는 콜라주와 같은 겉으로 드러나는 형태를 취할 수도 있습니다.

이제 15분 동안 조용히 명상하거나 산책하면서 다음 질문들을 생각해보고 무엇이 떠오르는지에 주목해봅시다.

- 나의 창조의 불과 생산성을 확인해주는 사람은 누구입니까?
- 영감의 강, 도전의 강, 경이의 강, 사랑의 강 중에서 가장 편안하게 느끼는 강과 가장 불편하게 느끼는 강은 어떤 강입니까?
- 지금까지 했던 일 중에 뜻깊고 만족스러웠던 공헌은 무엇입니까? 자신의 열정으로 계속 만들어내고 있는 것은 무엇입니까? "봉사는 눈으로 볼 수 있는 사랑"이라는 칼릴 지브란의 말을 다시 생각해봅시다.
- 내 안에서 무기력을 촉발하는 것은 무엇입니까? 현재 나의 삶 어디에서 무기력이 존재한다고 생각합니까?

• 나에게 희망을 주는 것은 무엇입니까? 나는 어떻게 다른 사람들에게 희망과 영감을 주고 있습니까? 희망과 가능성은 무력감에서 우리를 보호합니다. 희망이 있는 곳에 창조성과 생산성이 있게 마련입니다.

• 나에게 가장 큰 영감을 준 사람은 누구입니까? 그들은 어떻게 나의 창조성을 확인하고 창조의 한계를 넘어설 수 있도록 격려했습니까? "영감을 주다"는 뜻의 inspire는 in-spirit(정신 안에)"라는 말에서 유래했습니다. 나의 창조의 정신은 나의 내면 어느 부분에 있습니까?

창조력을 실천에 옮기는 일은 매력적입니다. 그 과정에서 살아있다는 느낌과 충만한 기쁨과 영감을 받습니다. 생명력을 가득 담아 행동하면 하나의 프로젝트나 아이디어가 또 다른 아이디어로 이어지는 생산적 순환이 생기게 됩니다. 창조가 하나의 과정이고 목표도 그 과정의 일부일 뿐이라는 사실을 깨닫지 못하면 나아갈 수 없게 됩니다.

92세인 벤 레일Ben Rail은 창조력을 방해하는 장애물을 극복하는 방법을 보여줍니다. 벤은 은퇴를 믿지 않았습니다. 서너 번 은퇴를 한 경험이 있지만 마음속으로 은퇴를 반기지 않았습니다. 하지만 그는 생산적 정신의 모범으로서 사회에 꾸준히 기여했습니다. 벤은 창조력에 대한 그의 열정을 《소중한 지혜What's Worth Knowing》에서 다음과 같이 밝혔습니다.

나는 5년 동안 로데오를 탔고 용접 업체도 운영했었지. 전쟁이 나고 기름과 설탕을 배급할 때까지도 도넛 가게를 했어. 이것저것 안 해본 일이 없었어. 그러면서도 점토로 무언가를 만들어보고 싶

었는데 기회가 없었지. 그러다가 89세가 되어서야 공방을 열게 되었다네. 많은 사람들이 내 가게에 와서 자신이 만들고 싶은 작품들을 만들며 즐거운 시간을 보내고 있지. 돈도 조금은 벌어. 재료비를 받으니까. 이보다 더 좋을 수가 있나. 나는 은퇴를 믿지 않는다네.

벤 레일의 말을 기억하면서 다음의 상황을 생각해봅시다.

• 하고 싶은 일을 다 이루지 못한 채 '은퇴'했거나 만족스럽지 않게 타협한 분야가 있습니까? "시간이나 돈이 충분할 때 하자"라며 미루어 온 관심사가 있습니까? 이것들을 작성해보고 꼼꼼히 살펴봅시다. 이제는 할 수 있다고 생각되는 것이 있습니까?

• 매주 삶에 재미와 웃음을 가져와 활력을 주는 활동을 해봅시다. 기쁨은 창조의 원동력이며 영혼의 양식입니다.

• 미지의 낯선 것에 마음을 열고 호기심을 가져봅시다. 새로운 경험을 모험한다고 생각하고 그 안에서 할 수 있는 모든 것을 배우십시오.

• 가정과 직장 그리고 인간관계에서 가능한 모든 순간에 정신적 관용을 보이십시오. 다른 사람에게 도움을 줄 수 있는 방법이나 타

인을 불쌍히 여기는 봉사의 정신으로 그들의 피로와 고통을 완화

할 수 있는 방법을 찾아보십시오.

나를 구속하시고 긍휼히 여기소서.

내 발이 평탄한 데 섰사오니.

_〈시편〉 26장 11~12절

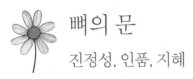

뼈의 문

진정성, 인품, 지혜

내 손가락의 뼈들로 날개 달린 영혼을 비추는
섬세한 아름다움을 어루만졌다.
_작자미상

새로운 진리를 두려워하는 비겁함으로부터

절반의 진리에 만족하는 게으름으로부터

모든 진리를 안다고 여기는 오만함으로부터

진리의 신이시여, 우리를 구원하소서.

_고대 학자

위대한 역사는 힘이나 속도 또는 육체적으로 뛰어난 것이 아니라

성찰과 인품의 힘 그리고 판단력으로 이루어지는 것이다.

이러한 성품을 지니면 노년은 가난하지 않고 더욱 부유해진다.

_키케로

뼈의 문은 우리의 진정한 자아를 보여줍니다. 이 문에서 우리는 본성 안에 있던 가식을 걷어내고 부정한 잔재를 태워버립니다. 뼈의 문에서 참된 자아의 모든 면을 조화시켜야 합니다. 또한 하얀 말뚝의 문에서 드러난 아이, 청년, 중년, 노년, 본연의 얼굴들을 통합했는지도 시험받게 될 것입니다.

그래서 뼈의 문은 우리의 인격과 고결함과 지혜를 발전시킬 것을 재촉합니다. 우리는 이러한 특성을 가진 사람들에게 강하게 끌리고 있는 자기 자신을 발견하게 됩니다. 미국의 시인 거트루드 스타인Gertrude Stein의 "실재하는 사람은 그 누구도 지루하지 않다"는 말이 떠오릅니다.

뼈의 문에서는 진정한 자아를 찾는 것을 방해하는 부정과

탐닉, 경쟁과 비교, 사욕을 위한 유혹과 계략을 버려야 합니다. 그리고 냉소주의를 부추기는 모든 것들로부터 자유로워져야 합니다. 냉소는 인격의 성숙을 가로막는 가장 큰 장애물입니다.

뼈의 문에서 첫 번째로 해야 할 과제는 우리의 인격에서 발견되는 참된 자아와 지혜를 구체화하는 일입니다. 간디 Gandhi 의 말처럼 '정신적으로 용맹'하게 되는 것입니다. 이를 위해서는 자신의 인품을 있는 그대로 평가하고 스스로의 선택과 행위와 행동으로 인한 긍정적인 결과와 부정적인 결과를 모두 직시해야 합니다. 그리고 마침내 용기를 내어 진정한 나와 거짓된 나에 대한 진실을 말하게 되는 것입니다.

뼈의 문에서는 이런 질문들을 하게 됩니다. 우리는 왜, 어떻게 우리의 진정한 모습을 피하고 있습니까? 스스로를 완전히 신뢰하지 못하게 하는 요인은 무엇입니까? 어떤 상황에서 우리는 자신을 속이게 됩니까?

대인관계나 물질적인 부분에서 이익을 얻기 위해 가식적이고 냉소적인 태도를 보일 때 자신은 작아지고 다른 사람들을 무시하게 됩니다. 자신과 다른 사람들을 존중하고 긍정적인 관점을 가지는 정도에 따라 얼마나 성공적으로 인격의 모든 면을 조화롭게 만들 수 있는지가 결정됩니다.

뼈의 문에서 우리는 다른 사람들의 기대와 인정을 받기

위해 진정성을 타협하는 것을 멈추고, 참된 자아를 진심으로 받아들이는 자아 존중을 가져야 합니다. 뜻하는 바를 일관되게 말하고, 말한 대로 행동하고, 있는 그대로를 말할 때 우리의 행동은 진정성을 갖게 됩니다.

우리가 가진 동기와 말, 외모와 행동이 관계와 일과 사회와 같은 우리 삶의 다양한 곳에서 보여지는 진짜 성품과 일치하는지를 자문해보며 확인할 수 있습니다. 우리의 말과 행동이 조화를 이룰 때 비로소 지혜와 진정성이 나타납니다.

진정성은 진실되고 참된 것을 표현하는 것임에도 이 마음을 갖기 매우 어렵습니다. 그래서 이러한 성품을 지닌 사람들은 존경을 받습니다. 인정 욕구와 경쟁, 비교하고 싶은 욕망으로 인해 우리는 자신의 행동을 편협한 규범 안에 가둬버리게 됩니다. 뼈의 문에서 우리는 이런 모든 가식과 허위를 무너뜨려야 합니다.

인생의 후반기는 진정성과 인품이 하나로 조화를 이룰 때만이 지혜를 발휘할 수 있습니다. 노년이지만 젊음을 간직하고 있는 8/세의 미니 나이트호크Minnie Nighthawk는《소중한 지혜What's Worth Knowing》에서 정직을 습관화하는 것에 대해 다음과 같이 말했습니다.

아버지는 어렸을 때 여자는 자신을 돌볼 줄 알아야 한다고 하시면서 사냥하는 법을 가르쳐주셨죠. 어머니는 두 가지 교훈을 가르쳐주셨는데 아침 식사를 해야 한다는 것과 정직하게 살아가야 한다는 것이었어요. 이 두 가지는 가끔 해도 되는 일이 아니라 매일 해야 하는 생활의 일부라고 하셨지요. 거짓말은 우리의 삶을 힘들게 합니다. 언제, 어디서, 어떤 거짓말을 했고, 정확히 무슨 말을 했는지 기억한다는 것이 얼마나 어려운지 생각해보세요. 머리가 아플 지경이죠. 나는 일찍부터 진실을 말하라고 배웠기 때문에 그로 인해 힘든 일은 거의 없었어요. 잘못된 일을 바로잡기 위해 걱정할 필요가 없었던 거예요. 그래서 제 얼굴에 주름이 별로 없지요.

남아메리카의 과라니족은 거짓말과 허언을 일삼는 사람들은 영혼을 배반하게 된다고 믿습니다. 과라니족의 언어로 '네에$_{né\ e}$'는 '말'과 '영혼' 두 가지 뜻을 모두 가지고 있습니다. 거짓말은 신뢰를 흔들고 스트레스를 주고 자존감과 인품을 떨어뜨리는 행위입니다. 사기와 기만이 당장의 해결책은 될 수 있을지 모르지만 길게 보면 영혼을 파괴하고 진정성에 오점을 남기게 됩니다.

과거의 낡은 양식을 없애고 참된 자아에 다가가는 것이

자유와 지혜의 공간으로 들어가는 길입니다. 이러한 과정들에 친숙해지는 방법을 발견하면 인품을 더 성숙시킬 수 있습니다. 노년을 인생의 겨울이라 한다면 노년의 지혜로운 인품은 칼 융이 말한 '겨울의 은총'이라 할 수 있습니다. 융은 나이가 들어가면서 내면의 힘을 키우지 않으면 방어적이고 독단적이며 우울하고 항상 분노가 가득한 냉소적인 사람이 될 수 있다고 말했습니다.

뼈의 문에서는 진정성은 바로 내 안에 있고, 그곳을 다스리는 사람은 바로 자신이라는 사실을 깨닫게 됩니다. 이 오랜 진리를 각자의 방식으로 재발견하게 될 때까지 우리는 진리를 찾을 수 없는 외부 세계에서 위안을 찾아다니며 방황해야 할 숙명을 지니게 됩니다.

《일흔에At Seventy》의 작가 메이 사튼May Sarton은 코네티컷 대학에서 시 낭송 시간에 "지금이 제 인생 최고의 시간입니다. 저는 나이 드는 것이 좋아요"라고 말했습니다. 그러자 "왜 나이 드는 것이 좋은가요?"라고 누군가가 물었습니다. 사튼은 이렇게 대답했습니다. "그 어느 때보다 진정한 자신이 될 수 있기 때문이에요. 마음속 갈등이 적지요. 지금이 더 행복하고 더 균형 잡힌 삶을 살고 있고 더 강해졌거든요."

뼈의 문은 자아도취적인 자만과 자기기만의 원인이 되는 두 가지 망상을 정면으로 돌파하라고 합니다. 두 가지 망상이란 우리의 행복이 다른 사람에게 달려있으며, 우리는 사람들을 바꿀 수 있다고 생각하는 것입니다. 이러한 망상은 다른 사람들과의 관계에 깊은 영향을 미치게 됩니다. 남들이 우리를 행복하게 해줄 수 있다는 기대나 노력해서 남들을 변화시킬 수 있다고 생각한다면 이기적이고 오만하며 미성숙한 관계가 시작되는 것입니다.

이런 망상으로 인해 다른 사람들의 참모습을 보려 하지 않고, 우리의 자아도취적 욕구를 충족시키기 위한 대상으로만 생각하게 됩니다. 이 환상에서 빠져나와야 우리는 더 충만해지고 우호적이며 상호의존적인 사람이 될 수 있습니다. 그러면서 다른 유혹과 망상들을 시험하고 해결하게 될 것입니다.

미국의 금메달리스트 육상 선수 빌리 밀스Billy Mills와 소설가 니콜라스 스파크스Nicholas Sparks가 함께 집필한《보키니Wokini》에는 북미 라코타족의 전통에 대한 이야기가 나옵니다. 그들은 통과의례에서 거짓말쟁이 이크투미Iktumi가 진정한 본성에 접근하지 못하게 하고 뜻깊은 영적 만족감을 얻지 못하게 여덟 가지 거짓말로 우리를 유혹한다고 합니다.

부자라면 행복할 텐데.

유명해지면 행복할 텐데.

좋은 배우자를 만날 수만 있다면 행복할 텐데.

더 많은 친구가 있다면 행복할 텐데.

더 매력적이면 행복할 텐데.

내게 신체적 장애가 없다면 행복할 텐데.

가까운 사람이 죽지 않았다면 행복할 텐데.

세상이 더 살기 좋은 곳이라면 행복할 텐데.

이러한 자기기만적인 거짓말들은 그 어느 것도 행복과 관련이 없으며, 오히려 진정성을 가로막는 장벽을 만들어낼 뿐입니다. 거짓말쟁이 이크투미는 사는 동안 최선을 다해 이 여덟 가지 망상을 이루기 위해 강박적으로 노력한다면 행복하고 성공할 것이라며 속삭입니다.

그런데 사실은 이러한 목표를 달성했는데도 여전히 만족

도, 행복도, 의미도 찾지 못하는 우리 자신을 발견하고는 당황하게 됩니다. 이러한 망상을 좇는 것을 그만둬야 내면의 두려움, 광기에 찬 노력, 거짓 믿음, 집착으로부터 자유로워질 수 있습니다.

우리의 준비와는 상관없이 뼈의 문은 자기기만이라는 이크투미의 망상을 보여줄 것입니다. 이 문에서 이러한 여덟 가지 거짓말을 거부하고 우리의 인품과 도덕성을 지탱하는 가치를 지닌 행복을 찾아 나서지 않는 한 인생의 후반기에는 그 어떤 것도 이룰 수 없다는 것을 깨닫게 됩니다. 그런 후에야 우리가 연장자로서 지혜의 옷을 입고 측은지심과 통찰력과 명쾌함이 가득한 사람의 본보기가 될 수 있습니다.

 네 개의
중심 뼈

원주민들은 진정한 본성으로 돌아가기 위해서는 상징적이고 본질적인 네 개의 뼈에 익숙해져야 한다고 말합니다. 네 개의 뼈는 용기를 상징하는 척추, 삶의 소망과 희망과 꿈을 나타내는 차골, 탄력성과 융통성을 유지시켜주며 유머 감각의 상징인 척골, 마지막으로 우리가 신비를 추구하기보다는 신비가 우리에게 영향을 미치게 하는 텅 빈 뼈입니다.

북미의 애팔래치아 산맥에 사는 사람들의 전통적인 인사말에서 빈 뼈의 의미가 무엇인지 알 수 있습니다. 그들은 인사할 때 "당신에게서 배움을 얻고 당신에게 영향을 주는 것은 무엇입니까?"라는 뜻이 담겨 있습니다. 이는 신비로움을 추구하고 우리에게 영향을 주고 있다는 것을 상기시켜줍니다.

우리는 뼈의 문에서 이 네 개의 뼈 중 그 본질적인 성품과 자질 면에서 더 강화시키고 재정립해야 할 부분이 무엇인지 생각해야 합니다.

• 척추 : 사람의 마음과 중심을 유지하는 용기의 자질

- 차골 : 꿈과 축복과 가능성에 대해 마음을 여는 희망의 자질

- 척골 : 기쁨을 불러일으키고 융통성을 유지하는 유머의 자질

- 빈 뼈 : 개방성과 호기심과 신념을 유지하는 신뢰의 자질

인생의 후반기에 인품을 온전히 완성시키고 냉소주의를 몰아내고 지혜를 기르기 위해서는 네 개의 뼈가 모두 필요합니다. 그렇다면 지혜는 어떻게 발전시킬 수 있을까요? 세상에 나타나는 지혜는 어디에서 찾을 수 있을까요? 영적 전통은 고요 속에서, 자연 속에서, 고독 속에서, 노인들의 지혜 속에서, 우리 자신 속에서, 삶과 죽음의 본질에 대한 성찰 속에서 찾을 수 있다고 가르쳐줍니다.

우리는 이크투미의 여덟 가지 거짓말 때문에 진정한 본성으로 도달하지 못하고 지혜를 포기할 건가요? 그렇게 되면 인격의 완성을 거부하고 자기기만과 자기 파괴의 길을 걷는 대가가 노년에 고스란히 돌아옵니다. 우리는 진정한 자아의 부름에 응하고 지혜를 함양하기 위해 힘써야 합니다. 사상가 에머슨Emerson이 말보다 행동과 태도가 더 중요하다는 것을 강조하기 위해 '말하는 소리가 너무 크면 그 소리를 들을 수 없다'고 말했습니다.

선물

자신과 다른 사람들에 대한 기만에 솔직하게 맞설 때 인격 발달에 필수적인 성품이라 할 수 있는 진정성, 정직, 고결함 등이 뼈의 문에서 우리에게 선사하는 지혜의 선물입니다. 뼈의 문에서 의도와 밀, 행동이 일관되면 개인의 진정성이 네 개의 뼈와 일치하는 모습을 보여줍니다. 분별력과 지혜를 쌓을수록 인생을 예행연습을 하듯 사는 것이 아니라 삶에 완전히 동참하여 책임을 지는 인생을 살게 될 것입니다.

미국의 소설가 윌리엄 맥스웰William Maxwell은 자신의 책《실비아 타운센드 워너의 편지 The Letters of Sylvia Townsend Warner》에서 실비아 타운센드 워너가 진정성 있고 지혜롭게 삶을 살아갈 때와 그렇지 못할 때의 경험을 다음과 같이 표현했습니다.

사람은 나이가 들면서 삶을 사는 것이 아니라 삶을 입는 듯한 섬뜩한 생각을 하게 됩니다. 습관이나 육체적 노화, 소화기능 장애 등 늙어가며 생기는 이 모든 것들이 사람의 소중한 삶을 매일 반복적으로 단추를 채우는 제복이나 가운, 우비처럼 보이게 하는 겁니다. 그래서 나는 한 가지 방법을 찾아냈지요. 내 자신의 능력을 다시 뿌리내리게 해주는 어려운 일, 새로운 무언가를 시도하는 것입니다. 그런 순간들 속에서 삶은 단지 입는 것이 아니라 행동하고 존재하는 그 무엇이 됩니다.

실비아는 삶의 지혜는 풍부한 경험과 깊은 의미와 도전에서 나온다는 사실을 일깨워줍니다. 우리가 삶에 깊이 관여하고 우리를 둘러싼 세상에 대해 계속해서 배우는 한 우리는 지혜롭게 늙어갈 수 있습니다.

시인 T. S. 엘리엇T.S. Elliot은 자신의 시 〈이스트 코커East Coker〉에서 "노인은 탐험가가 되어야 한다"고 했습니다. 노년의 탐험을 통해 우리는 인품에서 무엇이 중요한지를 알게 됩니다.

우리는 뼈의 문에서 제임스 힐만James Hillman이 자신의 책 《인품의 힘The Force of Character》에서 다음과 같이 서술한 것을 경험하게 됩니다.

인품은 영속적이고 타당하게 우리의 결정을 이끌기 시작합니다. 가치관은 더 날카로워지고 정확성과 효율성보다 품위와 감사와 같은 자질이 더 중요해집니다.

인품을 향상시키기 위해서는 우리의 삶에서 제대로 작동하지 않는 부분이 어디인지에 대한 솔직한 성찰이 있어야 합니다. 이것은 타협하지 않는 자기평가와 자기대면의 과정입니다. 우리의 본성에서 불필요하거나 조작된 것을 마주하려는 의지라고 할 수 있습니다.

이크투미가 말한 여덟 가지 거짓말들에 대해 다시 생각해봅시다.

부자라면 행복할 텐데.

유명하다면 행복할 텐데.

좋은 배우자를 만날 수만 있다면 행복할 텐데.

더 많은 친구가 있다면, 행복할 텐데.

더 매력적이면 행복할 텐데.

내게 신체적 장애가 없다면 행복할 텐데.

가끼온 사람이 죽지 않았다면 행복할 텐데.

세상이 더 살기 좋은 곳이라면 행복할 텐데.

- 이 여덟 가지 거짓말 중에서 스스로에게 해왔던 거짓말은 무엇입니까? 얼마나 오랫동안 해왔습니까? 그 거짓말들이 당신과 사랑하는 사람, 그리고 당신의 일에 어떤 영향을 미쳤습니까?

- 어딘가에 소속되거나 특별한 사람처럼 보이기 위해 어떤 거짓말을 했습니까?

- 생활 속에서 언제 냉소주의가 나타납니까?

- 당신의 행복이 다른 사람의 책임이고, 당신이 다른 사람을 변화시킬 수 있다는 이 두 가지 망상을 깨기 위해 무슨 조치를 취했습니까?

- 당신의 가치를 떨어뜨리거나 높이고자 하는 욕구를 유발하는 것은 무엇입니까?

- 자신에 대해서 굳건히 믿고 있는 것은 무엇입니까? 이 믿음이 인품과 지혜, 진정성이 자리하는 토대가 됩니다.

- 가식이나 꾸밈없이 온전히 당신 자신이 될 수 있을 때는 언제이고, 누구와 함께 있을 때입니까?

- 진정한 자신의 모습을 받아들이고 자신의 재능을 세상에 펼치면 좋은 점이 무엇입니까?

참된 자아와 인격을 발전시키는 일은 인생 후반기의 주요 과제입니다. 진정성은 본성 안에서 모든 것이 조화를 이룰 때 커집니다. 진실된 행동은 삶에 조화를 가져오는 실천의 방식입니다.

정직하고 훌륭한 인품을 가진 사람들은 뜻한 바를 말하고, 말한 대로 행동하고, 사실 그대로를 말합니다. 3주 동안 있는 그대로 말하고, 하겠다고 말한 모든 일을 행하며, 아는 바를 그대로 말하는 연습을 해봅시다. 우리의 말과 행동의 진실성과 그 타이밍에 대해 발견한 것을 기록합니다.

연습하는 동안 지속적으로 어려움을 느끼거나 부족하다고 느끼는 것을 적습니다. 이렇게 매일 실천하면 우리는 용기를 갖고 진실을 더 잘 말할 수 있게 됩니다. 이로써 우리의 삶에서 오해와 갈등이 줄어들게 될 것입니다.

진정성을 실천하려면 오래되고 불필요한 관습과 믿음을 먼저 버려야 합니다. 네 개의 뼈를 지니고 있으려면 매일의 훈련이 필요합니다. 각각의 본질적인 특성을 가진 네 개의 뼈 중에서 강화하거나 재조정해야 할 것은 무엇인가요? 네 가지 자질을 똑같이 개발하려면 6개월에 걸쳐 매일 실천해야 합니다.

- 척추 : 용기의 자질. 말하기 어려웠던 진실 말하기
- 차골 : 희망의 자질. 꿈을 실현하기 위한 첫걸음 떼기
- 척골 : 유머의 자질. 자신을 너무 심각하게 여겼던 부분을 확인하고 이를 가볍게 대할 수 있는 방법 찾기
- 빈 뼈 : 신뢰의 자질. 신뢰로 받아들였던 일들을 확인하고, 그 열린 마음을 삶의 다른 부분으로 확장시키기

전통 사회의 사람들은 부끄러운 비밀을 간직하거나 사람들을 속이면 자신의 능력이 반으로 줄어든다고 믿습니다. 그래서 그들은 엄청 큰 바위에 대고 거짓말이나 부끄러운 비밀을 고백했습니다. 때로는 나뭇잎이나 나뭇가지에 비밀을 표시한 후 땅에 묻거나 불태우며 다시는 누구에게도 기만하거나 수치스러운 비밀을 간직하지 않겠다고 맹세하기도 합니다. 라코타족 사람들은 전통적인 사우나 같은 오두막 속에서 정화 의식을 치르며 인격과 진정성을 회복하기 위해 기도를 올립니다.

인내와 청결, 힘과 순수함이 우리의 삶을 바르게 이끌고 오직 선한 목적만을 위해 행동하게 해주소서. 우리의 말이 곧 진실이 되게 해주소서. 모든 소통에서 오로지 정직만이 나타나게 해주소서.

용기와 정직을 북돋고 기만의 행동을 버리는 데에 도움을 주는 자신만의 의식을 생각해봅시다.

기름을 받은 발,

축복받은 발,

그 순수성 속에서 정화되고 회복된다.

_ 작자미상

자연의 문

은총의 실재 : 행복, 만족, 평화

장미를 건네는 손에는 항상 향기로움이 남는다.

_중국 속담

당신의 건강을 기원합니다.

시간이 지나도 사라지지 않는 당신의 부귀를 기원합니다.

당신의 장수를 기원합니다.

당신의 마음이 대지처럼 인내하기를,

당신의 사랑이 황금빛처럼 따뜻하기를,

당신의 낮이 가득한 도시처럼 충만하기를,

당신의 밤이 무희들처럼 기쁨이 가득하기를,

당신의 팔이 반기는 집처럼 활짝 펴지기를,

당신의 믿음이 신의 사랑처럼 영원하기를,

당신의 정신이 선조들처럼 용감하기를,

당신의 손이 친구처럼 든든하기를,

당신의 꿈이 아이처럼 희망으로 가득하기를 기원합니다.

당신의 영혼이 당신의 사람들처럼 용감하기를,

당신에게 축복이 있기를 기원합니다.

_ 비길리아 축도

밤이 가고 새벽이 오고 겨울이 가고 봄이 온다는 확신처럼

반복되는 자연의 후렴에는 치유의 능력이 있다.

_ 레이철 카슨, 《경이 Sense of Wonder》

자연의 문은 아름다운 사막으로 둘러싸인 깊고 어두운 숲속에 있습니다. 모든 여자는 느릅나무에서 태어났고, 남자는 물푸레나무에서 나왔다는 이야기를 방증하듯 숲의 중심부에는 느릅나무와 물푸레나무 한 그루가 아치를 이루고 있습니다. 이곳에서 우리는 깊은 만족과 충만함을 찾을 수 있습니다. 우리는 자연의 빛이 비치는 이 문에서 삶의 모든 행복한 순간들을 발견합니다.

우리는 자연의 문에서 타고난 리듬과 내면의 안식처로 돌아가야 합니다. 우리 삶의 심오한 평화와 균형, 그리고 평온함을 경험하는 방법들을 이곳에서 묵상하게 됩니다. 어디에서든 자연스럽고 편안하게 살 수 있다면 우리 안에서 행복

과 평화가 꽃피우게 될 것입니다.

외부 세계가 우리의 욕구를 충족시켜줄 것이라는 기대를 버리고 내면에 가지고 있는 자연적인 원천을 사용할 때 비로소 우리는 자연의 문의 문턱을 넘게 될 것입니다. 침묵과 사색, 성찰을 통해 우리는 고독을 받아들이게 됩니다. 만족스럽고 평온한 마음의 샘이 흘러넘치는 안식치를 만들고 영적 위안을 경험하게 될 것입니다. 자연의 문에서 행동과는 무관한 평화로움을 느끼고, 그 경험에서 심오한 의미를 얻을 수 있습니다.

과제

우리가 자연의 문에서 해야 할 과제는 자기가 진정으로 만족하고 행복을 느끼는 곳을 발견하는 것입니다. 이 과제를 통해 깊은 자기 수용이 어디에 있는지, 자신의 자연스러운 존재와 내면의 광야를 신뢰하는 법을 알게 됩니다.

내면의 광야를 가장 장엄하게 구현해 놓은 것이 바로 자연 그 자체입니다. 그 장엄한 아름다움을 뽐내는 자연은 우리의 영혼을 편안하게 품고 여유를 갖게 해주며 사색과 성찰, 통합과 변화의 문을 열어주어 영원한 신비로움으로 우리를 인도할 수 있습니다. 내면의 고요와 평화를 경험할 때 우리는 자연 속에서, 침묵 속에서, 그리고 우리 존재의 중심에서 경험하는 소중한 순간의 지혜와 영성을 음미할 수 있습니다.

많은 토착 문화와 종교적 전통은 자신을 기억하고, 그 본연의 모습이 될 수 있는 네 개의 자연의 안식처를 가지고 있습니다. 사막, 산, 물, 숲이 바로 그 안식처입니다. 영어로 자연을 뜻하는 'nature'는 '테이나다'라는 라틴어 'natus'에서 왔습니다. 원주민들은 이곳을 기억과 영혼의 회복, 탄생과 갱생의 장소로 생각합니다. 우리는 불(활력), 공기(호흡), 물(피), 흙(뼈)과 같은 자연의 구성 요소로 만들어졌기 때문에 우리를 둘러싼 아름다운 자연과 조화를 추구합니다. 이는 우리의 영혼을 살찌우고 광활한 내면세계의 자극과 신비로운 존재로 태어날 수 있는 길을 열어줍니다.

우리는 자연에서 왔기 때문에 너무 오랫동안 자연과 떨어져서 방황하며 지내고 있으면, 자연의 리듬과 아름다움이 다시 돌아오라고 손짓합니다. 베트남의 영적 스승인 틱낫한 Thich Nhat Hanh은 대지와 떨어져 있으면 "자연은 어머니입니다. 그런 어머니와 떨어져 살면 병이 듭니다"라고 말했습니다. 노년에는 소박한 생활과 어린 시절에 자연을 탐험하던 즐거움을 다시 맛보고 싶은 소망을 갖게 됩니다. 그리고 이

것이 우리 영혼을 살찌우는 양식이라는 것을 깨닫게 됩니다.

역사적으로 모든 문화와 국가의 미술가, 시인, 음악가, 작가들은 우리를 초월적인 세계로 이끌기 위해 애써왔습니다. 그들은 자연의 아름다움을 포착해 이를 그림, 말 또는 노래로 표현하고자 했습니다. 그러나 농부와 어부, 직공과 같이 대지와 자연의 절기에 맞춰 생활하는 많은 평범한 사람들은 그들의 삶에서 평범함과 초월적인 것의 조화를 매일 목격하며 지냅니다.

소설가 D. H. 로렌스D. H. Lawrence에게 자기탐구와 자연과의 조우를 위한 안식처는 숲과 깊은 삼림 속이었습니다.《미국 고전 문학 강의Studies in Classic American Literature》에서 그는 변함없이 발견하는 경이로움에 대해 다음과 같이 찬사를 보냈습니다.

이것이 나의 믿음이다.

나는 나이다.

내 영혼은 어두운 숲이다.

내가 아는 나는 숲속의 작은 개척지, 그 이상은 결코 아니다.

신들, 미지의 신들이 내 개척지로 왔다가 다시 돌아간다.

나에게는 그들이 드나들게 할 용기가 필요하다.

내게 그 어떤 짐도 떠넘기지 못하게 하겠지만

나와 다른 사람들 안에 머무는 신들을 인정하고 순종하려고 노력

할 것이다.

로렌스는 우리를 변화시키고 새롭게 해 성장과 자유를 얻

을 수 있도록 돕는 '미지의 신들'의 중요성을 알고 있었습니

다. 삶의 균형을 다시 잡아 내면을 충만하게 하고 조화를 이

루며 자연의 리듬으로 돌아오려는 소망은 오랜 시간과 전통

을 초월한 보편적인 열망입니다. 우리는 자연에서 이 열망

을 채울 수 있습니다.

로렌스가 숲을 사랑했던 것처럼 소설가 펄 벅Pearl Buck은 강

과 샘물, 개울이 자신의 노년을 지탱할 수 있는 유일한 평화

와 만족감을 가져다준다고 생각했습니다. 또한 프랑스의 해

양학자인 자크 쿠스토Jacques Cousteau는 바다를 영적인 안식처

로 생각했고, 깊은 심해에서의 황홀경에 대해 이야기했습니

다. 사막에서 성스러운 존재를 느낀 사람들은 화가 조지아

오키프Georgia O'Keeffe와 작가 배리 로페즈Barry Lopez가 대표적입

니다. 이 두 사람 모두 광활한 사막을 좋아했고, 그곳에서 겸

손과 영적인 힘을 발견했습니다. 예수, 부처, 모하메드 모두 사막에서 긴 시간을 보냈습니다.

사진작가 안셀 아담스Ansel Adams는 산과 황야에 이끌렸고, 시인 로빈슨 제퍼스Robinson Jeffers는 산의 영적인 고결함에 대해 쓰기도 했습니다. 레오나르도 다빈치는 자연과 단절된 사람들은 공허한 삶을 살고 있는 것이라고 믿었습니다. 그는 "스승 중의 스승인 자연을 멀리하고 다른 것을 안내자로 삼은 사람들은 헛수고를 하는 것이다"라고 말했습니다. 사상가 에머슨Emerson, 작가 소로Thoreau, 시인 메리 올리버Mary Oliver, 작가 애니 딜라드Annie Dillard와 같은 이들은 자연에서 가르침을 받았습니다. 이들은 모두 삶에 장엄함, 위안과 평안, 극적인 아름다움과 영적인 의미를 주는 자연의 능력으로 강해진 사람들입니다.

북미의 전통 사회에서 사람들은 변화의 시기가 오면 자연에서 혼자 시간을 보내며 탐구의 시간을 보냅니다. 이 시간 동안 내면으로 침잠하여 가르침을 경청하고, 영적인 발전과 삶의 목적을 위해 무엇이 진실이고 옳은지에 대해 성찰합니다.

오스트레일리아의 어느 원주민은 이렇게 말합니다.

우리는 흙을 갈망한다. 흙이 우리의 힘이기 때문이다. 그러므로 우리는 흙에 가까이 있어야 한다. 그렇지 않으면 길을 잃을 수도 있다.

자연의 문은 우리가 영적인 삶에 도달해 침묵과 고독과 평온과 소박함을 품으며 번영하도록 합니다. 이를 통해 우리는 자아를 채우고 은총을 받아들일 수 있음을 알게 됩니다. 무언의 고독 속에서 보내는 시간은 결코 낭비되지 않습니다.

독일의 철학자 마이스터 에크하르트Meister Eckhart는 고요한 마음은 가장 강력한 기도이자 가치 있는 일이라고 확신했습니다. 대부분의 영적 실천은 '길을 열어 갇혀있던 화려함이 뿜어져 나올 수 있게 하는' 행위와 같습니다.

평안과 위안을 찾는 데 도움을 주는 수련으로는 무엇이 있을까요? 침묵은 우리와 어떤 관계가 있을까요? 우리는 어떻게 사색과 성찰의 시간을 가질 수 있을까요? 아시시의 프란치스코Francis of Assisi 성인은 우리가 꼭 이 문에서 해야 할 과제를 줍니다.

말보다 위에 있는 것은 무엇인가?
행동이다.
행동보다 위에 있는 것은 무엇인가?
침묵이다.

자연의 문은 우리에게 속도를 줄이라고 말합니다. 너무 분주하고 부자연스러울 정도로 빠른 속도로 생활하면 이 문에 관심을 주기 어려워 문을 통과할 수 없게 됩니다. 왕성한 활동을 하는 사람들도 종종 혼자만의 시간이 필요합니다. 누구보다 활동적이었던 윈스턴 처칠Winston Churchill은 자신의 영혼을 살찌우기 위해 침묵과 고독이 얼마나 중요한지 알고 있었습니다. 그렇기에 혹독한 세계대전 중에 나라를 이끄는 와중에도 그는 매일 혼자만의 시간을 가졌습니다. 그 시간 동안 그는 내면의 휴식을 취하고 새로운 마음을 가졌습니다.

자연의 문에서의 또 다른 도전은 고독과 외로움의 차이를 배우는 것입니다. 자연이 주는 침묵과 편안함 없이 그저 혼자 있으면 고립감이나 우울증 또는 외로움이 생길 수 있습니다.

기독교 영성가이자 수도사 토마스 머튼Thomas Merton은 "영적인 삶을 살기 위해서는 외로움의 사막에 들어가 온화하고 끈질긴 노력으로 그 사막을 고독의 정원으로 변화시킬 용기를 찾아야 한다"고 말했습니다.

아내와 사별한 한 동료는 필자에게 이렇게 말한 적이 있습니다.

외로움이 밀려오면 막다른 골목이 아니라 문턱으로 생각하면 될 거예요. 그 외로움이 끝이 없는 구덩이가 아니라 만남의 장소라고 생각하면 그 폭주하는 삶에서 벗어날 수 있겠지요.

그는 2주가 지나고 외로움을 위안으로 바꾸는 방법을 배우기 위해 명상 수업에 등록했습니다.

자연의 문에서 할 마지막 도전은 웃음과 재미를 통해 기쁨과 행복의 경험을 키워나갈 수 있도록 유머 감각을 되찾는 것입니다. 유머를 받아들일 수 없으면 우리가 객관적인 관점을 잃고 특정 결과에만 집착하고 있으며, 기쁨과 단절되어 있음을 알게 됩니다.

신약 성서에서 "성령의 열매는 희락"이라고 말하고 있고, 이는 곧 우리가 이 문에서 되찾아야 할 열매입니다. 또한 코란은 웃음의 힘에 대해 이렇게 말합니다.

동료들을 웃게 만드는 사람은 천국을 갈 자격이 있다.

미국 원주민들은 웃음이 마음의 약이고 기쁨을 가져온다고 믿습니다. 우리는 누가 또 무엇이 우리를 행복하게 하고, 무엇이 웃게 만드는지를 생각해봐야 합니다. 그것이 바로 우리 삶의 치료제이기 때문입니다.

작가 테오도어 수스 지젤Theodore Seuss Geisel은 53세에 '닥터 수스' 시리즈를 쓰기 시작했고, 70세에 《늙는 건 한 번뿐이야You're Only Old Once》를 썼습니다. 그는 유쾌한 캐릭터와 유머가 담긴 이야기를 쓰는 일로 인생의 후반기를 행복하고 유연하게 지낼 수 있었습니다. 그는 80세에 그 재치와 지혜로 퓰리처상을 받았습니다.

코미디언 빅터 보르게Victor Borge는 웃음은 두 사람 사이의 가장 짧은 거리라고 말했습니다. 웃음은 우리의 짐을 덜어주고 집착을 없애주며 균형을 되찾아줍니다. 또, 사람들을 기쁨으로 맺어주고 경험을 공유하게 해 고립을 없애줍니다. 행복과 평화를 경험할 때마다 우리는 웃음과 기쁨과 재미라는 치료약이 번성하는 곳에 도달해 있는 것입니다.

선물

우리는 자연의 문에서 평화와 균형과 평온이라는 지혜의 선물을 경험하기 시작합니다. 자연 속에서 보낸 시간의 아름다움과 침묵의 달콤한 영역에서 발견한 신비로움 속에서 내재된 영성과의 유대를 강하게 해주는 근원적 위안과 위로와 은총을 이끌어냅니다.

아랍어로 리드환ridhwan은 삶의 깊은 평화와 균형에 도달하는 것을 의미합니다. 이 말은 존재의 상태와 행위의 만족을 모두 포함합니다. 자연의 문에서 찾을 수 있는 열매를 설명하는 더없이 좋은 말이라 할 수 있습니다.

많은 영적 전통에서 이러한 성취나 만족의 경험은 은총의 경험과 같은 의미를 가지고 있습니다. 이는 자연의 문에서 얻게 되는 또 다른 지혜의 선물입니다. 은총은 평화와 믿음을 가져오고 균형을 회복하게 합니다. 또, 평온함의 문을 열고 외로움과 고립감을 몰아내며 우리 정신의 열매인 기쁨을 되돌려줍니다.

토마스 머튼은 이렇게 말했습니다.

우리 모두가 은혜와 평화 속에서 성장하기를. 우리 존재의 중심에 각인된 침묵을 간과하지 않기를. 침묵은 우리를 져버리지 아니할지니

또한 침묵은 자연의 아름다움과 웅장함도 져버리지 않을 것입니다.

자연의 리듬과 주기는 우리의 주기와 얽혀 있습니다. 어린 시절 우리는 땅과 물에서 놀면서, 주변의 공기를 충분히 마시며 야외에서 많은 시간을 보냈을 것입니다. 어른이 되면 자연보다는 실내에서 더 많은 시간을 보냅니다. 인생의 후반기를 맞이하는 우리는 자신의 리듬에 완전히 적응하기 위해 실내와 실외에서 보내는 시간에 균형을 맞춰야 합니다.

자연의 리듬은 '중간 빠르기에서 느리게'입니다. 생물들은 위험에 처할 때 말고는 빠르게 움직이는 일이 거의 없습니다. 그런데 우리는 자연의 리듬에서 벗어나 빠르게 살고 있습니다. 이처럼 빠른 리듬에서는 경험의 깊이를 더하고 통합시키는 일을 절대 할 수 없습니다. 이 두 가지가 인생의 후반기에 해야 할 필수적인 과제인데도 말입니다. 침묵과 자연은 우리가 이 일을 할 수 있는 환경을 조성하고 우리의 정신에 양분을 줍니다.

이제 다음 질문에 대해 생각해봅시다.

• 현재 자연과 어떤 관계를 맺고 있습니까? 산, 사막, 물, 숲 중 가장

좋아하는 곳은 어디입니까?

• 현재 침묵, 고독, 평온, 소박함과는 어떤 관계를 맺고 있습니까? 어디에서 위로와 위안을 받습니까?

• 인생의 치유자는 누구입니까? 삶의 어느 곳에서 '영혼의 열매'인 기쁨을 찾을 수 있습니까?

• 균형 있고 성취감 있는 삶으로부터 멀어지게 하는 요인은 무엇입니까?

• 현재 자신의 행복과 만족감, 기쁨과 평화의 원천은 누구 또는 무엇입니까?

은총과 평화와 믿음을 경험했던 시간이나 상황에 대해 기록해봅시다.

실 천

자연의 리듬과 단절되면 우리의 균형도 잃게 됩니다. 우리의 본성 안에 완전히 자리를 잡으려면 주변과 균형을 이루어야 합니다. 일이나 인간관계 또는 기타의 시간을 투자하고 있는 일들에서 여유 시간을 만들어 자연으로 돌아가야 합니다. 그래야 우리 자신을 새롭게 할 수 있습니다.

- 매일 한 시간씩 야외에서 시간을 보냅니다.
- 매일 최소 30분씩 침묵의 시간을 가지며 존재 중심에서 들려오는 소리에 귀를 기울여야 합니다. 머튼이 말했듯이 그 시간은 절대 우리를 저버리지 않을 것입니다. 침묵의 달콤한 영역을 기꺼이 즐긴다면 다른 곳에서는 얻을 수 없는 위안과 평화, 그리고 근심에서 벗어날 수 있습니다.
- 자신에게 행복과 기쁨을 주는 모든 것에 감사를 표합니다. 또 우리의 삶과 본성 안에 있는 은총과 평화를 인식하고 이에 감사를 표합니다.
- 한 달에 하루는 침묵이나 자연에서 보낼 수 있도록 온전히 일정을 비워서 자신의 내적 또는 외적 변화와 경험에 대해 주목해봅시다.

금의 문

초연, 승복, 해방

그러므로 나는 여전히 미지의 신의 손 안에 있다는 것을 알아야 한다.
신은 새로운 망각으로 나를 분해해 새로운 아침에 새사람으로 눈뜨게 한다.

_ D. H. 로렌스, 《그림자들 Shadows》

노화의 징후가 몸에 나타나기 시작할 때

(특히 징후들이 내 마음을 동요할 때),

나를 나약하게 만들고 죽음으로 이르게 하는 병이

외부에서 생기거나 내 안에서 생길 때,

내가 병들고 늙어간다는 사실을 갑자기 깨닫게 되는

그 고통스러운 순간이 다가올 때,

무엇보다도 내 자신을 통제하지 못하고 나를 만든

미지의 거대한 힘에 휘둘려 내 무력함을 절감하는 마지막 순간에,

그 모든 어둠의 순간에, 신이시여,

내 중심을 꿰뚫고 당신 품으로 이끌기 위해

내 존재의 모든 가닥을 고통스럽게 갈라놓는 존재가

바로 당신임을 (내 강한 믿음과 함께) 시인하게 하소서.

__피에르 틸하르트 드 샤르댕__

비현실에서 현실로

어둠에서 빛으로

죽음에서 불멸로 나를 인도하소서.

_**《우파니샤드**The Upanishads》

마침내 우리는 금빛으로 밝게 빛나는 금의 문에 도착했습니다. 이곳에서 진정한 자신의 가장 깊은 본질에 눈을 뜨고, 우리 자신의 영성을 신뢰하고 해방시켜야 합니다. 금의 문은 승복과 믿음과 수용의 문으로서 새롭게 시작하거나 앞으로 나아가기에 앞서 해방시키고 거리를 두는 것을 배우게 되는 곳입니다. 인생의 후반기 통과의례의 가장 마지막 문입니다. 이 문에서 우리는 육체적 죽음과 친숙해져야 합니다.

금의 문에서 우리는 속 깊은 배려를 하면서도 객관적인 태도를 보이는 능력인 초연함을 배우게 됩니다. 또, 놓아주는 방법과 경험한 모든 것을 깊이 수용하는 방법을 배웁니다. 인생의 후반기에 위축되고 희망을 잃고 중요한 문제를 직시하겠다는 결심과 믿음도 상실하는 체념의 삶을 살 수는 없습니다. 그리고 과거의 실망과 후회를 언제까지나 붙잡고 있을 수도 없습니다. 이들을 떠나보낸 후 정점에 다다른 인생에 익숙해져야 합니다.

금의 문은 죽음을 현실적이고 긍정적으로 인식할 수 있는 기회를 줍니다. 그리고 이는 우리의 삶이 의미있고 중요하다는 것을 알게 될 때 오는 충만함을 통해서만 일어날 수 있습니다.

삶에서 끝내지 못한 것을 정리하고, 내면의 갈망과 주어진 소명을 충족시킬 때 우리는 자유로울 수 있습니다. 우리는 자신의 삶을 객관적으로 바라보기 시작합니다. 자신을 반추하며 가장 심오한 질문을 던집니다. 우리는 제대로 사랑해왔는가? 우리의 삶은 의미가 있는가?

미국의 시인이자 영화 〈가을의 전설〉의 원작자인 짐 해리슨Jim Harrison은 자신의 책《오프 투 더 사이드Off to the Side》에서 다음과 같은 질문을 합니다.

어떻게 살았는가에 대한 결정을 하게 한 특별한 마음의 동기는 무엇인가? 그 이면의 주된 무의식적인 충동은 무엇이었는가? 자신의 인생 여정을 되짚어볼 때 생각없이 살았던 부분이 있었는가? 나는 그동안 무엇을 했는가?

명예로운 마무리

우리는 인간관계, 건강, 일, 소망, 실망, 평생의 꿈 등을 마무리하게 됩니다. 이를 실천하는 과정을 통해 이 문의 최종 과제인 자신의 죽음과 친숙해질 수 있습니다.

많은 전통 사회에서는 일과 인간관계를 잘 마무리하면 더 크고 새로운 축복과 기회가 생긴다고 믿습니다. 마무리를 잘 하면 후회도 없습니다. 세계의 여러 문화에서 볼 수 있듯이 명예로운 마무리는 우리가 앞으로 나아갈 수 있도록 도와주고, 성장을 위해 시련을 주었던 사람들과 상황에 감사를 표하며 남아 있는 아쉬움과 후회를 정리하는 작업입니다.

금의 문은 끝나지 않은 개인적인 일이나 다른 사람들과 관련된 일이 무엇인지 보여줍니다. 그리고 우리 안에 깊이 숨겨진 진정한 본성을 만나기 위해서는 초연과 수용과 승복이 필요합니다. 이 문에서 우리의 보이지 않는 영적 본성이 실재하는 존재임을 깨닫게 됩니다. 죽음이 이끄는 거대한 미지의 길에 접근할수록 신비로움에 대해서 배우는 간접적 지식과 신비로움을 직접 경험해서 얻은 지식의 차이를 알게 됩니다.

삶을 돌아보면 청년의 수확은 성취이고, 중년의 수확은 균형적인 시각이며, 노년의 수확은 지혜라는 것을 깨닫게 됩니다. 금의 문에서 지혜는 결과가 아니라 과정임을 알게 됩니다. 지혜는 타고난 능력이나 나이보다는 일상의 경험을 통해 얻어지는 것임을 우리 대부분은 알고 있습니다. 신뢰와 명석함과 호기심 속에서 지혜는 성장합니다. 하지만 통제나 집착 속에서 지혜는 줄어들게 됩니다.

금의 문은 통제를 위한 술책과 충동을 내보내고 집착을 공고히 하는 관습과 행동을 멈추라고 말합니다. 초연과 죽음에 친밀함을 느끼고 선조의 도움과 영성에 관심을 갖게 된다면 우리의 지혜는 성장할 것입니다.

초연의
기능

　초연의 장점 중에는 무조건적인 사랑의 문을 열어주는
것이 있습니다. 이는 삶에 대한 깊은 믿음과 신뢰를 포함하
고 있어서 간섭이나 통제 없이도 인간관계를 맺고 뜻하는
바를 펼칠 수가 있습니다. 초연을 무관심이나 배려의 부족
과 혼동되어서는 안 되며 소명 의식의 결여라 생각해서도
안 됩니다. 오히려 초연은 강한 욕망이나 반감을 마주했을
때조차도 열성적으로 수용하려는 행동입니다. 초연을 통해
서 우리는 영예와 존중을 느낄 수 있고 자유롭게 본연의 모
습으로 돌아갈 수 있습니다.

　결과에 대해 초연함을 유지하는 것은 진정한 만족과 수용
의 핵심입니다. 이미 벌어지고 있는 일을 통제하려는 노력
만큼 숨 막히는 일도 없습니다. 인간관계와 건강, 일 그리고
우리가 확신할 수 없는 일을 통제하려 애쓰기보다는 중요한
순간을 위해 우리가 잘 계획하고 준비했다는 사실을 기억해
야 합니다. 그러고 나면 우리가 생각하지 못한 가능성과 결
과에 마음을 열 수 있을 것입니다.

비판적인 판단을 하지 않기 때문에 우리는 체념의 상태가 아니라 정직한 마음으로 상황을 받아들일 수 있습니다. 이러한 자신의 삶에 대한 승복은 우리가 바라는 인생의 모습에 대한 집착에서 벗어나게 합니다.

정신적 지도자 람 다스Ram Dass는 뇌졸증에 걸리고 나서 흔들리지 않는 명료함과 초연함을 깨닫게 됐습니다. 자신의 저서《아직 여기에Still Here》에서 그는 뇌졸중에 대해 다음과 같이 묘사했습니다,

뇌졸증이 사무라이 검처럼 내 삶을 두 개로 쪼개어버렸다. 그것은 두 시기를 구분 짓는 경계선이었다. 어떻게 보면 한 육체에 두 개의 인생이 존재하는 것 같았다. 한쪽은 '나', 다른 한쪽이 '그'였다. 이런 생각은 비교의 고통을 덜어주었다. 예전에는 가능했던 일이 손의 마비로 인해 할 수 없는 일들을 비교하지 않게 되었다.

람 다스처럼 인생의 후반기에는 벌어진 일 자체가 아니라 그 일에 어떻게 우리가 반응하는가가 중요하다는 것을 배우게 됩니다.

 아픔, 고통,
상실

수십 년간 아프리카에서 아프고 죽어가는 사람들과 함께해온 앨버트 슈바이처 박사Dr. Albert Schweizer는 죽음 자체가 아픔이나 고통만큼 두렵지 않다고 말했습니다.

고통은 죽음보다 더 두려운 인간의 지배자이며, 이전에 자각하지 못한 용기와 믿음을 일깨워준다.

아직은 고통을 겪지 않았다고 해도 금의 문에서는 인생에서 가장 힘든 스승이라 할 수 있는 아픔과 고통에서 배움을 시작해야 합니다.

금의 문에서 우리는 일할 능력을 잃고 사랑하는 사람들과 사별하고 자신의 건강을 잃어갑니다. 이런 슬픔에 대처하면서 우리는 감정적, 육체적, 정신적, 영적 고통과 맺어온 평생의 관계를 재발견합니다. 또한 이 육체적인 삶이 영원히 지속될 것이라는 가장 고통스러운 망상에서 벗어나게 됩니다. 고통은 일단 시작되면 우리가 그 고통에 완전히 사로잡혀 다른 모든 것을 잊어버릴 정도로 우리를 지배합니다. 고통과 상실로 인한 공포는 고통 그 자체보다 더할 수 있습니다. 고통은 우리 삶의 슬프고도 덧없는 본성을 나타내기 때문에 금의 문에서 가장 힘겨운 문제 중 하나입니다.

그러나 고통과 친구가 되면 고통은 우리의 가장 든든한 동반자가 될 수 있습니다. 고통은 우리에게 인내심과 동정심을 가르쳐주고 연약함 속에 강인함이 있다는 것과 한계 속에서도 충만하고 진심으로 살 수 있는 지혜를 알려줍니다. 고통은 심지어 고통에 대한 두려움 자체를 떨칠 수 있는 방법을 가르쳐주기도 합니다. 그러고 나면 우리는 고통에 초연해지고, 고통에 사로잡히지 않을 수 있으며, 훨씬 더 근본적인 자신의 모습으로 있을 수 있습니다.

고통은 삶은 언제나 선택의 연속이고, 삶에서 얻는 가치는 자신과 다른 사람들에게 주는 가치와 연결되어 있다고 가르칩니다. 또한 우리를 용기의 원천과 믿음의 중심으로 이끌고 이 여정을 함께 하는 사람들에 대해 신뢰감을 줍니다.

선조와의 교감

금의 문은 선조들과 교감할 수 있는 기회를 줍니다. 일부 토착민들의 전통에서는 조상(가족이나 사랑하는 사람)의 영혼을 초연함을 가르치는 중요한 스승으로 보았습니다. 그 이유는 선조들은 떠나보내는 과정을 경험했고 궁극적인 미지인 죽음의 신비를 경험했기 때문입니다.

인생의 후반기에는 이미 세상을 떠난 가족들과 사랑하는 사람들과의 추억과 꿈이 더욱 자주 생생히 나타납니다. 이런 추억과 꿈은 먼저 세상을 떠난 사람들이 육신은 사라졌지만 여전히 기억되고 있다는 것을 알려주며 우리를 위로하고 죽음을 준비할 수 있게 합니다.

바스크의 철학자 미구엘 데 우나무노Miguel De Unamuno는 "내 모든 선조들은 사라지지 않고 내 안에 살고 있으며, 앞으로도 나와 함께 내 후손들 안에서 계속 살아갈 것이다"라고 말하며 선조들과의 깊은 유대 관계와 그들의 도움이 왜 중요한지를 설명합니다.

 죽음과의
친고

금의 문에서 우리는 죽음과 친구가 되는 법과 죽음을 준
비하는 법을 배웁니다. 우리는 태어나서 살고 배우며 사랑
해왔음에 감사하는 법을 익힙니다. 그리고 이제까지의 상실
과 가지 못한 길들, 만나지 못한 사람들과 이루지 못한 꿈들
을 모두 받아들임으로써 우리 내면과 주위에 있는 모든 것
들과 평화를 이루기 시작합니다. 아무것도 거부하지 않고
그 무엇에도 집착하지 않습니다. 그저 삶의 부침을 바라볼
뿐입니다.

한동안 떨어져 있을 사람들에게 작별 인사를 하거나 의미
있는 무언가를 끝내면서 마지막을 경험하면서 죽음의 기술
을 연마합니다. 그리고 매일 밤 잠자리에 들면서 다시 돌아
오리라는 확신을 가지고 꿈이라는 신비로운 장소로 떠나는
연습을 합니다.

이러한 일상의 사소한 행동에서 우리는 죽음에 필요한 것
들을 준비합니다. 극작가 스테파니 에릭슨Stephanie Ericsson은 저
서《어둠 속의 동반자Companion Through the Darkness》에서 이렇게

말합니다,

우리는 인생의 커다란 사건들 앞에서 겸손해진다. 그 커다란 사건
에 우리는 아무런 힘도 쓸 수 없고 영향을 줄 수도 없다. 공평하지
도 않다. 이렇게 겸손해지는 것은 벌이 아니라 죽음이 우리의 각
성을 준비케 하려는 것이다.

 영적 각성과
보살핌

생을 마감하는 것은 상하로 순환하며 움직이는 깊은 내
면의 탐구과정입니다. 이것을 이해하면 인생의 후반기에서
받게 되는 선물과 도전에 유연하게 응할 수 있습니다. 금의
문에서 해야 할 주요 시련들은 마지막 관문을 준비하면서
드러나는 영적인 문제들을 인식하는 것입니다.

샌프란시스코에 위치한 젠 호스피스에서 메타 연구소의
후원을 받아 삶을 마무리하는 프로그램을 시작했습니다. 이

프로그램을 통해 사람들은 죽음을 영적인 과정이라는 것을 경험할 수 있었고, 이로 인해 우리는 타고난 영성과 그 다양한 형태를 생각하게 되었습니다. 삶에 의미를 부여하는 영성은 종교적인 용어로 사용되기도 하지만 자연과 침묵, 예술, 음악, 가족, 우정 속에도 깃들어 있습니다. 영성은 인생의 정서적, 육체적, 지적인 차원에 완전성을 더합니다.

정신은 인간의 핵심 본질이고, 우리를 고유한 존재로 만들어줍니다. 병마와 싸우며 죽음을 가까이 느낄 때 우리는 그 의미와 목적에 대한 질문을 마주하게 됩니다. '왜 내게 이런 일이 일어났을까? 왜 하필 지금인가?' 이러한 물음에 대한 고민 속에서 죽음은 소생의 거대한 잠재력을 지닌 시기이자 삶의 의미를 찾는 기회가 될 수 있습니다.

그러나 때로는 의심과 불확실성, 불안과 슬픔으로 정신적인 고통이 올 수도 있습니다. 무엇이든 우리의 믿음을 굳건히 지탱해줄 수 있다면 이 절망을 평온하게 받아들일 수 있을 것입니다.

금의 문에서 나타나는 영적 내력의 본질은 죽음을 앞둔 사람에게 믿음과 두려움, 꿈과 투쟁 속에서 고유한 모습으로 나타납니다. 죽음을 멀리하는 우리 사회는 죽음에 대한 두 가지 큰 두려움을 키워왔습니다. 바로 고립과 정상적인 취급을 받지 못할 거라는 두려움입니다.

우리의 지레짐작으로 죽어가는 사람이 무엇을 원하는지 단정하지 말고, 설령 그것이 사람들과의 접촉이나 고립일지라도 죽어가는 사람이 좋아하는 것을 존중하는 것이 중요합니다.

우리는 금의 문에서 죽음이라는 큰 시련인 이 궁극의 영적 과정을 거치는 동안 겪게 될 고통, 슬픔, 고통에 직면할 수 있는 용기를 갖는 것입니다. 이 과정에서 전에는 자각하지 못했던 용기와 믿음을 깨닫게 됩니다.

금의 문은 자유와 해방이라는 지혜의 선물을 가져다줍니다. 문이 없는 문으로 들어갈 준비를 할 때 초연함과 승복, 수용은 우리의 구원을 주며, 용기와 믿음은 아픔과 고통과 슬픔에 맞설 수 있는 능력을 키워줍니다.

신학자 메리 로이터Mary Reuter는 물질적 이익에서의 해탈, 자만에서의 해탈, 타인을 통제하거나 지배하려는 충동에서의 해탈, 이 세 가지의 해탈을 거치면서 두려움이 사라지는 경험을 한다고 말합니다.

집착하지 않는 것이 행복과 평화의 근원입니다. 집착을 버리고 자신을 편히 쉬게 한다면 그곳이 무한히 펼쳐진 포근한 장소라는 것을 알게 될 것입니다. 이곳이 두려움 없는 길을 따라 도달하는 곳이며, 무한한 평화 속에서 휴식을 취하는 곳입니다.

성찰

평생을 돌아보고 이제까지 해왔던 모든 일들을 반추하고 삶의 마지막 문턱에 들어서기 위해서는 미래에 대한 초연함, 승복, 그리고 놓아주기를 해야 합니다. 우리는 의식적으로 과거나 미래가 아닌 지금 이 순간의 삶을 위해 선택을 합니다. 희망이나 두려움 없이 살며 후회 없이 놓아주고 충만한 삶을 살았다는 것을 깨달으며 삶에 평화를 만들려면 큰 용기와 능력이 필요합니다.

• 자신의 삶을 되돌아보고 아직 집착을 갖거나 끝내지 못한 일이 있는지 생각해봅시다. 만약 자신의 인생이 끝나는 때를 알고 있다면, 어떤 식으로 인생의 마지막 날들을 완벽하고 충만하게 보낼 것인지 생각해봅시다. 인생이 언제 끝날지 알 수 없기에 매 순간이 우리에게 남겨진 가장 소중한 순간인 것처럼 살아야 합니다.

• 선조들을 어떻게 기리고 있습니까? 그들에 대해 무엇을 알고 있습니까? 그들에게 본받고 싶은 자질은 무엇입니까?

• 죽음에 대한 첫 번째 경험은 무엇입니까? 누구의 죽음이었습니까? 그 죽음은 자신에게 어떤 영향을 미쳤습니까? 그 이후로 죽음

과의 관계는 어떻게 바뀌었습니까?

- 인생의 여정에서 감사하게 생각하는 점은 무엇입니까? 이 여정에서 무엇을 배웠으며, 내가 받은 축복과 기회는 무엇이었습니까?

- 인생의 여정에서 긍정적인 영향을 받고 더 나은 방향으로 변화한 부분은 무엇입니까?

- 내 능력을 넘어선 시련과 역경은 무엇이었습니까?

- 인생에서 개선이나 보상해야 할 부분은 무엇입니까? 완전한 마무리를 위해서 어떠한 마지막 용서가 필요합니까? 완전함을 느끼려면 어떤 말이나 행동이 필요합니까?

삶의 끝에서 승복의 지혜와 관련된 관습들을 많은 문화권에서 찾아볼 수 있습니다. 죽음은 끝이 아니라 태어난 이후 겪는 가장 큰 변화입니다. 또 죽음은 훌륭하게 살아서 가족과 사회에 영향을 미쳤으며, 후손들에게 유산을 넘긴 이들을 기념하기 위한 명분이기도 합니다.

언젠가는 반드시 죽게 되는 인간 삶의 독특성과 그 덧없음을 생각해봅시다. 후세대에게 무엇을 남기겠습니까? 당신은 어떤 사람으로 기억될까요? 어떻게 기억되고 싶습니까? 자신이 원하는 부고 기사의 초안을 작성해봅시다. 그리고 자신의 추모비를 준비합니다. 자신의 삶에서 의미 있는 것은 무엇이고 어떻게 기억되기를 원하는지를 생각해봅시다. 이 과정을 통해 무엇을 깨달았습니까?

자신의 죽음을 당신 곁에서 오늘이 마지막인 것처럼 매일을 충실하게 살라고 상기시켜주는 스승이자 동반자로 이용하는 것입니다. 사실 우리는 언젠가는 죽는다는 것을 머리로는 알고 있지만 실제로 믿지 않습니다. 그렇기 때문에 이것 자체로 매우 엄격한 실천인 것입니다.

수필가이자 소설가인 로버트 루이스 스티븐슨Robert Louis Stevenson이 마지막에 했던 "이것이 죽음이라면 사는 것보다 쉽구나"라는 말을 기억해야 합니다.

자신의 개인적 삶과 직업에서, 영적인 삶에서 집착하는 것은 무엇입니까? 매리 로이터가 말한 물질적 이익에서의 해탈, 자만에서의 해탈, 타인을 통제하거나 지배하려는 충동에서의 해탈 중 올해 하려고 생각하는 것은 무엇입니까?

자신만의 묵시록을 만들어봅시다. 그 안에는 가장 소중한 추억, 삶의 전환점과 깨달음, 최고의 경험, 기도, 영적 실천, 뜻깊은 순간들과 중요한 꿈들이 담겨 있을 것입니다.

선하신 주여, 내려주소서

영광의 주여, 제 삶을 고칠 수 있는 은혜를 내리시고

죽음을 원망하지 않고 제 마지막을 바라볼 수 있는 은혜를 주시옵소서.

선하신 주여, 당신 안에서 죽는 사람들에게는

이것이 부유한 삶으로 가는 문이옵니다.

선하신 주여, 제 모든 행동, 말, 생각에 겸허하고

온순하며 평화롭고 자비로우며 친절하고 상냥하고

인정이 넘치는 마음이 깃들게 하시옵소서.

그리하여 주님의 축복된 영혼을 맛보게 하소서.

선하신 주여, 충만한 믿음과 굳건한 희망과 뜨거운 자비를 내려주소서.

그리고 저의 사랑보다 비할 데 없이 높으신 당신의 사랑을 주시옵소서.

선하신 주여, 세상의 환란을 피하기 위해서도,

천국의 기쁨을 누리기 위해서도 아닌

오직 주님을 향한 사랑으로 주님과 함께하고자 하는 열망을 주시옵소서.

선하신 주여, 사랑과 영광을 주시옵소서.

주님에 대한 저의 사랑이 아무리 크더라도

주님의 위대한 선함이 없다면 저의 사랑은 헛되옵니다.

선하신 주여, 이 모든 기도를 당신께 올리니

이 모든 것들을 위해 수고할 은혜를 주소서.

_토머스 모어

여덟 개의 문, 그 이후

우리는 모두 은의 문으로 들어와

금의 문으로 나간다.

두 문 사이에는 많은 문들이 있고….

인생의 후반기에 여덟 개의 문을 거치고 나면 우리는 시간과 사람, 장소, 일, 영성과 자신의 삶과의 관계가 크게 변한 것을 부정할 수 없게 됩니다. 우리에게 남은 시간이 많지 않다는 것을 알게 되면 순간의 소중함을 깨닫습니다.

그리고 남은 시간을 현명하게 사용해야 한다는 생각이 들지요. 이를 위해 자신에게 감동과 의미가 있는 일을 하는 것을 우선순위에 놓게 됩니다. 우리는 옛 추억과 사람들과 장소를 다시 찾아가 피하지 않고 온전한 경험으로 받아들인 후 돌아와야 합니다.

여덟 개의 문은 시간의 매서움과 우리 삶의 모든 경험을 통합해야 할 필요성을 강조합니다. 우리는 각각의 문에서 구체적인 과제, 도전, 선물, 성찰, 실천의 과정을 거쳤습니다. 이들은 우리가 무엇을 그리고 누구를 소중히 여기고, 우리에게 진정으로 중요한 것이 무엇인지를 확인하고 재평가하는 데 필요한 구조를 보여주었습니다. 그리고 삶에서 우리가 무엇을 고치고 다시 시도하고 바로잡으려 했는지, 또 아직 충족시키지 못한 갈망이 무엇인지도 보여주었습니다.

자신에게 뜻밖의 감정이나 꿈, 기억, 그리움, 소명 의식을 불러일으킨 문은 무엇입니까? 가장 많은 영감을 주고 도전적이고 놀라웠던 문은 무엇입니까? 그중에는 다시 가서 더 큰 영감이나 보다 심도 있는 작업을 하고 싶은 문이 있을 것입니다. 각 문을 친구나 가족과 함께 경험하고 싶을 수도 있습니다.

각 문을 경험하면서 자신에게 나타난 결과에 따라 취하고
자 하는 변화나 행동은 무엇입니까? 어떻게 하면 남은 시간
동안 의미 있는 삶을 살 수 있을까요? 아직 자신이 다른 사
람들을 위해 할 수 있는 중요한 일은 무엇입니까?

이 여정의 끝에서 우리가 기억해야 할 가장 중요한 것은
무엇일까요? 사상가 에머슨은 이렇게 말했습니다.

건강한 아이를 낳든, 작은 정원을 남기든, 더 좋은 사회적 환경이든,
이 세상을 조금 더 나은 곳으로 만들고 떠나는 것. 당신으로 인해 한
사람의 숨이 조금 더 수월해진다면 그것이 진정한 성공이다.

인생의 후반기를 보내면서 이 여정이 의미 있는 회고의

시간이 되고, 존엄과 은혜, 지혜와 무한한 생산성으로 노년을 포용할 수 있도록 하는 자극이 되기를 바랍니다. 후세대를 위해 더 나은 세상을 남기고 가는 것은 의미 있는 삶이자 성공한 삶이라는 것을 기억하십시오.

당신의 여정에 항상 축복과 가호가 함께 하기를 기원합니다.

나이 들어도 행복해지는 연습

초판 1쇄 인쇄 2025년 2월 10일 | 초판 1쇄 발행 2025년 2월 24일

지은이   엔젤레스 에리언
옮긴이   이순미

펴낸이   신수경
디자인   디자인 봄에
마케팅   용상철 | 제작   도담프린팅
펴낸곳   드림셀러
출판등록   2021년 6월 2일 (제2021-000048호)
주소   서울 관악구 남부순환로 1808, 615호 (우편번호 08787)
전화   02-878-6661
팩스   0303-3444-6665
이메일   dreamseller73@naver.com
인스타그램 dreamseller_book
블로그   blog.naver.com/dreamseller73

ISBN 979-11-92788-36-4 (03190)

※ 드림셀러는 당신의 꿈을 응원합니다.
   드림셀러는 여러분의 원고 투고와 책에 대한 아이디어를 기다립니다.
   주저하지 마시고 언제든지 이메일(dreamseller73@naver.com)로 보내주세요.